UN LUGAR LLAMADO HOGAR
LA HISTORIA DE FCCI

**DR. CARL CONLEY &
DR. REGGIES WENYIKA**

urbanpress

Un Lugar Llamado Hogar
por Dr. Carl Conley & Dr. Reggies Wenyika
Copyright ©2021, 2022 FCCI

ISBN 978-1-63360-176-5

Por Worldwide Distribution
Impreso en los Estados Unido de Norte América

Urban Press
P.O. Box 8881
Pittsburgh, PA 15221-0881
412.646.2780
www.urbanpress.us

Dedicatoria

Este libro está dedicado a dos de los ancianos de FCCI que
pasaron a la presencia del Señor en el último año. El
obispo Gaddam Thomas de la India y el apóstol Agustín Mgala.
Ellos terminaron su peregrinación terrenal y hoy se regocijan en
el cielo. Al recordarlos, nos consuelan las
palabras que Pablo escribió:

"Tampoco queremos, hermanos, que ignoréis acerca de los que duermen, para que no os entristezcáis como los otros que no tienen esperanza. Porque si creemos que Jesús murió y resucitó, así también traerá Dios con Jesús a los que durmieron en él"
(1 Tesalonicenses 4:13-14).

La primera reunión de la FCCI se celebró en la sala de una casa. Desde ese humilde comienzo, FCCI ahora está tocando líderes en más de 50 naciones.

PREFACIO

En julio de 2019, volví a Sur África después de casi veinte años. En el año 2000 dejé Zimbabue y emigré a los Estados Unidos con mi esposa e hija con la intención de estudiar en la universidad. Con 2000 dólares y dos maletas cada uno, aterrizamos en Tulsa, Oklahoma con mucha fe y un sueño. No contábamos con ningún tipo de apoyo, tampoco teníamos la manera de pagar la Universidad y sin embargo, agarrados de la mano de Dios, decidimos comenzar esta aventura para establecernos en este país. Fe, visión, un llamado y plena confianza en Dios, fueron nuestra motivación para ser capaces de soltar esa vida segura y cómoda que habíamos tenido hasta ese momento. El comienzo de nuestra vida en los Estados Unidos fue muy difícil. Es así como a lo largo de esta aventura hemos sido despojados de todo, al punto de quedar, en momentos, solo con nuestra fe. Pero Dios ha sido fiel y Su Palabra ha sido verdadera en nuestras vidas.

Ahora lo recuerdo con gozo y gratitud, y me regocijo en todo lo que Dios ha hecho. Mi esposa y yo, finalmente logramos estudiar y los dos hicimos doctorados en universidades de los Estados Unidos. Actualmente y desde hace ocho años, soy el presidente de la Universidad Oral Roberts de donde me gradué años atrás. Definitivamente, he sido testigo de que Cristo y la educación realmente cambian vidas, y he tenido el honor de ser embajador tanto de Jesús como de la educación alrededor del mundo. Sin embargo mi historia, mejor, nuestra historia no estaría completa sin hablar de una organización llamada Faith Community Churches International (FCCI)

(Iglesias Comunidad de Fe Internacional) y el Dr. Carl Conley, su fundador.

No hubiera sido posible estar en donde estamos hoy, sin lo que el Dr. Carl y la FCCI representan para nuestras vidas. Este libro te dirá cómo comenzó FCCI, cómo nos conocimos el Dr. Conley y yo y cómo ha sido nuestro trabajo juntos por años hasta llegar al día de hoy que tengo el privilegio de ser su sucesor como Superintendente General de FCCI. Ha sido una jornada increíble.

Sin embargo, el Dr. Conley no es la única persona destacable que he conocido a través de FCCI. En la última sección de este libro, podrás tener la oportunidad de escuchar a algunos de ellos. Aprenderás cómo se involucraron en FCCI ya que cada uno de ellos tiene su propia historia de lo que FCCI ha significado para ellos a lo largo de los años. Cada uno de ellos te dirá hacia dónde cree que se dirige FCCI y por qué y si eres un líder en la iglesia, deberás considerar la posibilidad de pertenecer a esta maravillosa comunidad misionera. A medida que contamos nuestras historias, te diremos lo que FCCI representa y lo que juntos hemos logrado para cumplir los sueños y deseos nuestros y de otros y su futuro.

Como mencioné anteriormente, en julio de 2019 fue la primera vez que regresé a Sur África después de casi 20 años, y estuve allí como participante en una Conferencia Internacional de FCCI. Nuestro anfitrión fue el Obispo Levy Silindza, el fundador y ministro principal de la Iglesia Catedral de los Gobernadores en Boksburg, Sur África. Fue una gran conferencia que nos ayudó y nos expuso a muchas oportunidades que con toda probabilidad llevarían a FCCI a una nueva etapa. Con la ayuda del Obispo Silindza, se hicieron planes para llegar a más líderes y mantener reuniones con ellos. También habíamos planeado una conferencia regional de seguimiento para la primavera del 2020 pero la pandemia de COVID-19 nos frenó en seco.

Todos nuestros planes quedaron en pausa, pero mientras escribo, nos estamos preparando para nuestra Conferencia Internacional en Tucson en junio de 2021 y estoy personalmente emocionado de ver a nuestros miembros y amigos de nuevo, así como poner en marcha nuestros planes para el futuro. Algunos de esos planes se describen en las siguientes páginas y otros tendrán que ajustarse a las realidades de un mundo post-COVID-19, cuando sea y como sea.

A medida que leen, escucharán al Dr. Conley y a mí. A veces ambos escribimos un capítulo y otras veces escribimos solos. En todo esto, escucharán nuestro corazón por la Iglesia en todo el mundo y nuestro deseo de sustentar y capacitar a los líderes proporcionando materiales relevantes, conferencias educativas e inspiradoras, y una comunión significativa de la que puedan aprender y ser más eficaces en la obra que Dios les ha llamado a hacer.

Creemos que la necesidad de lo que FCCI tiene para ofrecer nunca ha sido mayor, y presentamos este libro con la esperanza de que podamos llegar más con el mensaje de que FCCI es para todos nosotros realmente lo que dice el título de este libro: *Un Lugar Llamado Hogar: La Historia de FCCI.*

Dr. Reggies Wenyika
Superintendente General FCCI
Junio 2021

Dr. Reggies Wenyika con su esposa, Dra. Bongi Wenyika

INTRODUCCIÓN

En su prefacio, el Dr. Reggies mencionó su viaje a África en 2019. Para ser más específicos, él participó en nuestra Conferencia Internacional Bianual de FCCI, que se realizó en Boksburg, Sur África. Nuestra conferencia anterior en 2017 había sido en Blantyre, Malawi, por lo que nuestra intención era tener una conferencia fuera de África, pero el desafío de obtener una visa para algunos de nuestros líderes fue problemático. Por lo tanto, decidimos regresar a África. El obispo Levy Silindza, uno de nuestros ancianos de FCCI y su iglesia, nos recibieron e hicieron un trabajo fabuloso. Esta conferencia fue única ya que fue cuando entregué las riendas del liderazgo de FCCI al Dr. Reggies.

En 2013 me reuní con los ancianos y les dije, "Hermanos y hermanas, los años no pasan en vano" y les informé que quería dar un paso al costado (detalles de este tema, más adelante). Realmente, yo nunca había deseado ser cabeza de nada...solo quería servir y esa fue la razón por la que acepté asumir el liderazgo de FCCI. Si nuestros miembros creían que yo podía ayudarlos, entonces yo estaba listo y dispuesto a hacerlo. En ese momento, en el 2013, me insistieron que me quedara y acepté, pero en 2019 algunos problemas de salud me hicieron saber que era momento para una transición.

También sabía que era momento para que FCCI se beneficiara de dones y talentos que definitivamente, yo no tenía. Para ser honesto, la lista de mis dones es muy corta. Mi don más significativo es que amo a las personas y me encanta animarlas para que puedan llegar a ser todo lo que Dios quiere que sean, sin embargo, yo era consciente de que no podía llevar a la Organización al siguiente nivel. Yo ya había hecho mi tarea por los últimos seis o siete años y lo que he visto en estos meses desde que empezamos la transición, ha alentado mucho mi corazón, a pesar de que el COVID-19 ha afectado todo lo que hemos tratado de hacer. Si Dios me ayuda, quiero usar la energía y el tiempo que me quedan, para desarrollar la presencia de FCCI a lo largo y ancho de los Estados Unidos ya que la mayoría del tiempo como presidente, lo dediqué a labores internacionales, lo que no permitió el crecimiento como esperaba.

Nuestro equipo de líderes sintió que el Señor había preparado el camino para dar mi paso al costado como cabeza, pero no para irme. El Dr. Reggies es honrado y respetado a donde quiera que vaya, y en donde sea que va a ministrar, la gente lo ama tanto o tal vez más que yo. A veces pienso que a mí me quieren mucho, pero a él, lo aman. Estaba esperando esta transición porque sabía que era el tiempo de Dios y a la manera de Dios. También pensé que hacerlo en Johannesburgo era más que apropiado ya que en África tenemos varios pastores e iglesias y además es el continente – hogar del Dr. Reggies.

Alguien dijo alguna vez que era raro ver a un africano asumir el liderazgo de algo. Yo jamás he pensado en nadie en términos de africano o indio. Crecí con los Nativos Americanos Papago y aprendí a pensar en los demás simplemente como "personas" sin distinción de raza o nacionalidad. Jamás pensé en la nacionalidad o la raza de quien iba a recibir el puesto del liderazgo de FCCI, simplemente pensé en entregar el liderazgo a un hombre de Dios. Por lo tanto, fue un privilegio establecer al Dr. Reggies como Superintendente General y presidente de Faith Community Churches International, FCCI (Iglesias Comunidad de Fe Internacional), tanto legal como públicamente mientras estaba en presencia de nuestros hermanos. Simplemente fue un gran honor para mí. Fue un gozo ver lo que sucedía y también ser testigo de cómo los hermanos le respondieron, y de cómo aún continúan respondiendo a su liderazgo.

En el pasado, teníamos nuestras conferencias en un auditorio, pero en Johannesburgo teníamos un salón de clases adaptado en el santuario de la Iglesia. Ellos acomodaron las sillas y pusieron algunas mesas que facilitaban tomar apuntes. Todo estaba hermoso y hecho con mucha eficiencia. En conferencias pasadas, teníamos nuestros refrigerios servidos en un lugar diferente a donde estaban nuestras conferencias como cuando nos reuníamos en Virginia, Malawi y Roanoke, pero esta vez nosotros teníamos nuestro refrigerio justo al lado de donde teníamos las reuniones generales y esto marcó la diferencia.

Una de las actividades importantes aparte de nuestra ceremonia de sucesión, fue nuestro servicio de ordenación. Teníamos a nuestros ancianos de varias regiones y naciones presentando candidatos quienes habían sido llamados y calificados para el ministerio y nosotros impusimos nuestras manos sobre ellos, reconociéndolos y consagrándolos para trabajar en la obra del Señor y cumplir Su propósito. Mientras mirábamos la sucesión del futuro liderazgo de FCCI, me sentí bendecido y emocionado de ver tantos jóvenes y tantos adultos que sintieron el llamado de Dios para entrar al Ministerio... fue muy inspirador ver la respuesta de ellos al llamado de Dios y pasar al frente diciendo "consagro mi vida para esto".

Desde mi experiencia personal, fuí parte de dos organizaciones eclesiásticas y ninguna funcionó bien. Yo no estoy en contra de las organizaciones, pero he visto mucha gente salir herida de las organizaciones porque comenzaron siendo familia, comunidad y terminaron siendo legalistas y controladoras. Como consecuencia he visto jóvenes ministros sentir temor de servir y participar más allá de su Iglesia local porque creen que no es correcto ni aprobado.

Esta es la razón por la que quería que FCCI fuera familia comunidad, y oro para que nunca se convierta en nada diferente. Yo quería un lugar para servirle a la gente y no para controlarla. Un lugar que pudiera dar a la gente y no buscar sacar provecho de lo que la gente puede dar en todas las áreas.

A través de este libro contaré la manera en que la historia de FCCI y mi historia personal se relacionan estrechamente. Vas a leer cómo mis experiencias ayudaron a darle forma a FCCI y también te contaré más acerca de mi relación con el doctor Reggies y porque sé que él es el hombre correcto para ser el

Superintendente General para los próximos años. Entonces, sin más preámbulos, entremos a *Un Lugar Llamado Hogar: La Historia de FCCI.*

Dr. Carl Conley
Tucson, Arizona
Junio 2021

Dr. Carl hablando en la conferencia bi-anual en Malawi en 2017.

CAPÍTULO UNO

Cómo Comenzó FCCI

Dr. Carl

Comenzaré contando algo de mi historia personal que explicará por qué mi corazón está inclinado hacia las misiones y a trabajar con personas que no se ven, ni piensan como yo.

Como mencioné anteriormente, yo crecí con los americanos nativos Papago. Papago fue el nombre que alguien les había dado hacía mucho tiempo, y desde ese entonces ellos lo tradujeron a su lengua nativa que es *Tohono O'odham* y eso significa *gente del desierto*. Mi madre tuvo una visión cuando tenía 16 años en donde ella estaba trabajando con gente de piel muy oscura; ella sabía que no eran descendientes africanos, pero en esos días sólo tenía como referencia una enciclopedia y en ella, nunca encontró una foto que se pareciera a la visión que había tenido.

Cuando mi hermano y yo estábamos jóvenes mi madre se enfermó y el doctor le dijo a mi papá que si quería mantenerla con vida debería mudarse para el oeste. Ella había contraído tuberculosis y sus arterias se habían endurecido. Una vez nos movimos al oeste, un día fuimos a dar un paseo a Sells, Arizona, donde hay una reserva natural de los Papago. Papá iba conduciendo a través de una pequeña Villa cuando mi madre comenzó a llorar a gritos. Yo me asusté muchísimo y pensé que mi madre se estaba muriendo y le empecé a preguntar "¿Qué te pasa mamá?, ¿Qué te pasa?". "Esa es la gente", respondió. "¡Esa es la gente que vi en mi visión!". Efectivamente no eran Negroides pero si eran bastante oscuros. La historia es muy larga… pero para hacerla corta, Dios sanó a mi mamá de todas sus dolencias y ella comenzó cinco iglesias con el pueblo Papago. Mi papá apoyaba a mi mamá en su trabajo pero él en ese momento era superintendente de construcción en Tucson, Arizona y no estaba involucrado en el Ministerio. Crecí hablando su lengua y pensando que era un Nativo Americano. Amaba a esta gente y vivir en medio de ellos, me permitió formar e interiorizar una cosmovisión tribal. Años después, cuando fuí a India entendí para lo que Dios me había preparado. Estas personas me preguntaban "¿Cómo es que tú puedes entender nuestra mentalidad tan fácilmente, cuando tenemos con nosotros misioneros que han pasado 40 años viviendo aquí y todavía no logran entender nuestra esencia?" fue impactante para mí y le pregunté al Señor al respecto…Él me mostró que yo tenía una cosmovisión tribal.

Eso tenía mucho sentido. Yo crecí en una tribu. Estuviera en la casa que estuviera, si era hora de cenar, yo cenaba allí. Si llegaba la noche y yo no estaba en casa, podía con toda tranquilidad quedarme allí en donde me hubiera agarrado la noche. En donde quiera que estuviera, yo era un niño más y crecí de esa manera. Era tan natural y orgánico para mí, que nunca me detuve a pensar que mi cosmovisión era muy diferente a la de la mayoría de los estadounidenses.

Obviamente, mientras crecía fuí parte de la iglesia aunque nunca tuve un rol en particular. Luego, al casarme, me fuí por un tiempo pero regresamos de nuevo al oeste para pastorear entre los Apaches en Nuevo México. Allí, levantamos una Iglesia y un Centro Educativo. En 1.967, nos mudamos a Albuquerque para pastorear una pequeña iglesia de aproximadamente 20 miembros y cuando llegaban las lluvias, nuestra iglesia se inundaba. Ya para ese momento, esta iglesia era nuestra misión y el Señor nos ayudó.

El Señor me mostró la que sería nuestra nueva sede. Era una propiedad enorme al otro lado de la calle que funcionaba como escuela internado para niños Nativos Americanos. Ante esa posibilidad, algunos de mis colaboradores me dijeron que no consideraban sabio construir allí. Pero yo sabía que si quería alcanzar a los Nativos Americanos, qué mejor lugar para construir la iglesia que allí donde todos tenían que venir: su escuela.

Entonces, fuí donde el dueño de la propiedad y le dije "Quiero comprar su propiedad".

Él respondió, "No está en venta".

"Pero Dios me dijo que yo voy a construir una iglesia en su propiedad, tiene que vendérmela", y así fuí a verlo cada semana.

Finalmente, él dijo, "Supongo que tendré que venderle o me volverá loco".

Y le dije, "Es correcto".

Como pudimos, construimos una iglesia de adobe con la ayuda de la comunidad. Prediqué durante seis semanas sin tocar el tema de "dar" y después del primer mensaje, recibimos la ofrenda más grande que cualquiera en los últimos meses...nunca tuvimos dificultades financieras.

Todas las personas de esta tribu fueron muy amables conmigo. No me consideraba diferente a ellos y espero que ellos lo hayan notado. Tenía llamado pastoral y me relacioné con ellos como lo haría con cualquier otra persona. Sé que Dios me preparó para eso a través de mi educación. Eran personas que amaba. El Señor me envió allí para estar con ellos y tuvieron la amabilidad de recibirme. Una vez que llegué, les di toda la energía y el amor que tenía. Esa es una fórmula bastante simple que he seguido donde quiera que vaya.

Hace unos años, cuando estuve en Nigeria, alguien me preguntó "¿Qué se siente estar en medio de tantos extranjeros?", yo pensé, "¿es una broma?, me siento honrado de estar aquí". No me sentía ni diferente, ni superior a donde fuera que el Señor me enviara a ministrar. De hecho, todavía me sorprende que quieran escuchar lo que yo tengo para decir.

Cuando empecé a pastorear, no había asistido a ningún seminario bíblico y no tenía tampoco ningún tipo de entrenamiento al respecto. Fue después que asistí al Instituto Bíblico de Las Asambleas de Dios y estudié hasta obtener mi maestría en teología. Después de Albuquerque, Ellene y yo nos movimos a Phoenix en donde trabajé por años con dos organizaciones. W. T. Jeffers, quien solía ser el editor del material de la Universidad Oral Roberts, comenzó una organización llamada Feed My Children (Alimenta a mis hijos) y luego la cambió a World Changers (Transformadores del mundo). Mientras yo pastoreaba la iglesia en Albuquerque, él se me acercó para buscar ayuda porque querían apadrinar niños Nativos Americanos y yo les ayudé a encontrar casi 2.000 niños para ayudar. Viajé a dos estados para ese proyecto y querían que yo fuera director nacional, pero les dije, "No, yo soy pastor. No me gusta viajar mucho", entonces, me preguntaron si podía ayudarles de vez en cuando y esa ayuda ocasional se convirtió en un trabajo de tiempo completo más la responsabilidad de pastorear la iglesia.

En ese punto, le informé a la iglesia que iba a renunciar. Ya había estado entrenando a algunos líderes y les informé que ellos debían hacerse cargo de la iglesia. Cuando los conocí, vivían en la pobreza, pero después de un tiempo, habían aplicado fielmente principios piadosos a sus vidas y estaban prosperando. Les asigné deberes y me mantuve involucrado durante aproximadamente un año y me fuí a trabajar de lleno con World Changers, en donde el Señor me ayudó y abrí oficinas en nueve países diferentes. Después, trabajé como director de misiones de la Asociación de Don Stewart quien finalmente terminó por venir a Las Asambleas de Dios. Don fue el sucesor de A. A. Allen, el famoso evangelista. Estuve con su grupo en dos ocasiones diferentes y dirigí su departamento de misiones y cruzadas.

Luego regresé a Santa Fe, Nuevo México y comencé una iglesia. Después de estar allí por un tiempo, fuí a Tucson para pastorear la Primera Iglesia Asambleas de Dios. Después, regresé a la Asociación Don Stewart por un tiempo, hasta que tuvimos diferencias de opinión con respecto a cómo concebíamos el ministerio, ya que cuando la Asociación comenzó a recaudar dinero por correo directo, no me sentí cómodo con algunos de sus enfoques al respecto.

Cuando me fui, comencé dos organizaciones en Albuquerque llamadas LifeLink (Enlace de Vida). LifeLink, era una organización humanitaria bajo la cobertura de la iglesia LifeLink

International y fue así como FCCI (por sus siglas en inglés), nació. Empezamos siendo la extensión internacional de LifeLink International en 1.987.

Finalmente, me fuí de Albuquerque para unirme a Buddy Harrison en Tulsa. Estuve con su organización por 16 años incluyendo cuatro años después de que él fuera a la presencia del Señor. Buddy Harrison y yo fuimos muy cercanos. Nunca peleamos entre nosotros. Era como si hubiéramos crecido en la misma casa. Hasta pensábamos igual. Creo que la única diferencia entre nosotros era que Buddy era mucho más inteligente que yo. Fue un verdadero hermano para mí.

Cuando comenzamos el trabajo humanitario de LifeLink, logramos conseguir muchos refugios para niños en necesidad y todo el tiempo estábamos buscando apoyo para sostener este trabajo. Fue cuando empezamos a sentir la necesidad de mostrar nuestro trabajo más allá de las fronteras y abrirnos hacia el extranjero, hablando sobre el trabajo que hacíamos, con el fin de poder conseguir más recursos para cubrir las necesidades del proyecto. En ese momento, decidí hablar con un muy buen amigo de Buddy que hacía parte de nuestra junta directiva y le dije, "amigo, necesito encontrar una ayuda sustancial para continuar con nuestro trabajo".

Él se ofreció a contactarme con Iglesias independientes para presentarles el proyecto y solicitar ayuda, lo que yo sabía, que, aunque era muy buena idea, nos iba a tomar mucho tiempo.

Inmediatamente, dijo, "Tengo un amigo en Tulsa. Ellos van a tener una conferencia en dos semanas, le voy a comentar sobre ti y el proyecto y a lo mejor, puedes contactarte directamente con él. Él tiene una comunidad de Iglesias. ¿Qué tal que decidan apoyarte?". Para hacer corta la historia, Él habló con Buddy quien muy amablemente aceptó verme. Llegué allí el domingo por la noche, Buddy tenía su primera plenaria el lunes en la mañana y yo llegué justo cuando ya iba terminando. Salió, nos conocimos y me dijo que nos encontráramos con su pastor al otro día para desayunar y hablar. El nombre de la organización de Buddy, era Faith Christian Fellowship (FCF), (Comunidad Cristiana de Fe).

Desde ese momento, hubo una fuerte conexión entre nosotros. No tengo otra manera de describirlo. Él dijo, "¿Puedes ir a La India en mi lugar? Tenemos problemas con una obra. No sabemos qué está pasando exactamente, pero algo anda mal". Fuí a La India por siete semanas y fueron siete semanas resolviendo problemas y solucionando un sin número de cosas. Entonces, Buddy me pregunto, "¿podrías dirigir nuestro departamento de misiones?" y claro, finalmente nos mudamos de Santa Fe a Tulsa y le ayudé a estructurar el departamento de misiones y en todo cuanto pude ser útil para bendecir a la organización. Fueron 16 años...cuando Buddy murió, su esposa tomó las riendas de todo y cuatro años después, decidí volver a Tucson.

Y regresé para estar con la Pastora Louise Brock, quien estuvo al lado de Buddy Harrison casi desde la fundación de FCF. Su hijo, Bruce, ha sido nuestro director de área. Todavía pastorea una iglesia en Tucson. Ellos dos, Louise y Bruce fueron quienes me animaron a venir a Tucson y aquí estoy desde el 2003.

Amo Tucson. Crecí muy cerca de allí y fue muy bueno regresar. En ese momento, me debatía entre regresar a Albuquerque o a Tucson y sentí que hicimos lo que Dios quería que hiciéramos.

No sé cómo le está yendo a FCF actualmente. Los dones de Pat eran muy diferentes a los dones que tenía Buddy. Tengo entendido que ahora, ya está retirada de la Presidencia y le cedió el paso a su hija. De verdad, les deseo lo mejor. No tengo sentimientos negativos hacia ellos o hacia su manera de trabajar y no me arrepiento del tiempo que pasé con ellos. Aprendí lecciones muy valiosas mientras estuve en ese lugar.

Y en este punto, vale la pena recordar que antes de conocer y trabajar con Buddy Harrison en FCF, ya teníamos nuestras raíces de LifeLink y LifeLink International allá en Santa Fe. Nosotros, FCCI, éramos una "hija" de LifeLink International, por lo tanto, nuestro nombre corporativo es LifeLink International y FCCI es una extensión de LifeLink International, ubicada en Nuevo México. LifeLink, es la rama humanitaria de la cual fuí presidente y al renunciar, me pidieron que me quedara como parte de la Junta.

Llegamos a Tucson, seguros de que estábamos obedeciendo al Señor. Bruce Brock prometió apoyar nuestro trabajo con $1,000 mensuales. Ese era todo nuestro ingreso. De manera sobrenatural, Dios proveyó para comprar la casa en la que todavía vivimos por $1,000; he viajado por el mundo durante los últimos veinte años y jamás nos ha faltado nada. Dios ha provisto todos los días de nuestra vida. Simplemente, confiamos en el Señor y comenzamos a servirle.

Cuando me fuí de FCF, fue de una manera abrupta como suele ser en el ministerio. Me habían reelegido como vicepresidente en junio y yo renuncié la segunda semana de julio después de nuestra conferencia anual. El liderazgo sintió que era el tiempo para hacer cambios, pero cuando mis amigos escucharon de mi salida, sus mensajes inundaron mi correo porque durante ese tiempo, construí relaciones muy fuertes alrededor del mundo. Recibí llamadas de Nigeria y de muchas otras partes alrededor del mundo para pedirme que no me fuera. "Te necesitamos. Siempre buscaremos tu ayuda y apoyo. Siempre serás nuestro padre espiritual". Este amor y esta empatía, se había construido en parte, gracias a una política de FCF que decía que solo había un conducto regular de comunicación entre la oficina principal y los miembros internacionales; y ese único contacto autorizado, era yo. Si alguien escribía o llamaba, el mensaje inmediato era "Carl vuelve el martes, vuelva a llamar". Entonces para muchos miembros internacionales de FCF yo fuí la única cara visible y su contacto por años.

En la mente de muchos de nuestros amigos internacionales, yo era y había sido FCF. Mucha de la gente que conocí a través de los años, incluso aquí en los Estados unidos, vinieron a FCF por invitación mía. Eso ayudó a que la obra se extendiera y creciera. También mucha de esa gente se fue de FCF, no por mi salida, sino porque la organización cambio sus reglas y regulaciones para los miembros del equipo de misiones.

Jamás invité, ni aconsejé a nadie a salir de FCF. Sin embargo algunos seguían diciéndome, "Necesitamos seguir trabajando contigo" pero humanamente, yo no tenía ni los ingresos ni la forma de sostener esa idea. Sin embargo, de alguna manera me di cuenta de que el Señor no me había liberado de mi responsabilidad de cuidar de ellos y sabía que Dios me ayudaría a encontrar el camino correcto para cumplir con ese deber y así fue, una vez más, lo hizo. Yo decidí continuar sirviendo y el Señor continuó haciéndolo posible.

Empecé funcionando bajo el nombre LifeLink International, pero Bruce Brock, quien era uno de los pastores principales y gran apoyo en lo que yo estaba haciendo, me dijo que no le gustaba ese nombre y como el nombre de su iglesia era Faith Community Church (Iglesia Comunidad de Fe), le dije, "¿cómo te suena Faith Community Church International (FCCI)?" y le gustó. Así fue como adopté el nombre FCCI, una división de LifeLink International.

Cuando salí de Tulsa y volví a Tucson, continué en contacto y apoyando a estos amigos que habían salido de FCF, caminando con ellos practica y espiritualmente. Iba a visitarlos y a enseñarles acerca de cómo Dios proveía para todas las áreas de nuestra vida. Una vez el pastor Bruce me preguntó, "¿Carl, cuando vas, qué les dices, qué haces? Porque cuando me inviten, voy a ir, pero ¿qué les voy a enseñar o a decir? No sé, yo creo que ellos saben más que yo".

Le dije, "pastor Bruce, lo único que yo hago es ayudarlos en todo lo que ellos necesiten. Si necesitan ayuda en la parte administrativa, hago lo mejor que puedo. Si necesitan que ayude a entrenar líderes, intento hacerlo lo mejor posible. Les doy todo lo que soy y lo que tengo. Lo que me pidan, se los doy". Y también le dije, "algunas personas me han dicho que soy un pateador de puertas. De repente a donde llego, me paro en la puerta y cuando nadie sabe qué hacer, pateo la puerta, la abro y todos saben hacia donde ir". Eso es lo que hago. Respondo al llamado donde me necesitan y trato de hacer lo que ellos me piden que haga.

Cuando comenzamos FCCI, el pastor Bruce había estado teniendo una conferencia cada tres meses como parte de FCF, además de la conferencia anual. Entonces, cuando FCCI comenzó, Bruce, su madre Louise y yo, éramos los tres ancianos fundadores. Con el tiempo Bruce dejó su rol de anciano, pero seguía conectado con la congregación. Nuestra primera conferencia como FCCI, la hicimos en su iglesia. Inicialmente, era cada año, pero decidimos hacerla cada dos años para facilitar el montaje y el desplazamiento de quienes tenían que viajar largas distancias e incluso desde otros países.

La estructura de nuestras conferencias fue diseñada por Félix Omobude de Nigeria, de quien escucharán más adelante. En nuestra primera conferencia, Félix sugirió que no deberíamos usar el dinero de la iglesia local para estas reuniones, sino que, deberíamos respaldar financieramente la siguiente, nosotros mismos. Recomendó que durante la conferencia, lanzáramos el desafío financiero a los asistentes y que a través de promesas de fe recaudáramos el dinero para financiar la siguiente conferencia. Félix es efectivo en la recaudación de fondos, por lo que recaudó el presupuesto de la siguiente conferencia allí mismo y así es como hemos operado desde entonces. El primer evento internacional que celebramos fue en Malawi en 2017; antes de eso, todos habían sido en los Estados Unidos.

Esa conferencia en Malawi fue un gran éxito, al igual que el de Sudáfrica que el Dr. Reggies mencionó anteriormente, aunque Malawi fue cinco veces mayor en términos de asistencia que en Sudáfrica por cuestión de visas. Como lo habíamos calculado, Malawi superó los 10.000 dólares en presupuesto, así que estábamos preparados.

Conocí al Dr. Reggies a través de FCF cuando hacía mi doctorado en Oral Roberts University (ORU). Al principio, el Dr. Reggies era mi mano derecha. Si necesitaba algo, llamaba a Reggies y él siempre estaba ahí para mí. Cuando tuvimos nuestra conferencia en Roanoke, Virginia, él preguntó: "¿Qué puedo hacer para ayudar?" Le dije: "Llega tres días antes para dar la bienvenida a la gente porque tengo que estar aquí el domingo y no puedo ir sino hasta el lunes por la mañana" y así fue. Siempre ha estado ahí para mí. Si hubiera tenido un hijo, hubiera querido que fuera Reggies.

★★★★★

Dr. Reggies

Poco tiempo después de haber llegado a los Estados Unidos, fuí ordenado a través de una iglesia en Pensilvania. Al tiempo, salí de allí y regresé a Tulsa pero, no tenía cobertura de ningún tipo. No tenía iglesia. Entonces, David Dorries, un hombre con quien había trabajado en la Universidad de Oral Roberts y que además era ordenado de FCF, me habló de la organización, aunque no era la primera vez que oía de ellos ya que en ese momento, había en la ciudad un misionero de Zimbabue, Jeff Rogers, predicando en una iglesia de FCF.

Yo conocía muy bien a Jeff, así que le pedí más información

sobre FCF y se ofreció a presentarme al director de misiones, que en ese momento era Carl Conley. Cuando nos presentaron, Carl dijo, "Oye, espero que nos veamos pronto. Si necesitas algo, solo déjame saber". Mucha gente dice eso y no lo dice en serio, pero Carl lo dijo muy en serio. Fuí a su oficina y ahí terminó o mejor, ahí comenzó la historia. Encontré un hogar.

El Señor trabajó y proveyó rápidamente para que las piezas encajaran. Empezó por darme un padre y un hogar espiritual cuando estaba huérfano y solo. Me convertí en miembro de FCF pero con el tiempo fue difícil hacer algo más allá de lo que las políticas y reglas permitían, así que me limité a ser miembro y voluntario en lo que podía. Para la conferencia de 2.002 en Roanoke, mi trabajo fue ir a recoger a nuestros invitados internacionales al aeropuerto y eso me permitió conocer a mucha gente, incluyendo a Félix Omobude, de Nigeria.

Durante la conferencia, noté que no se les prestaba mucha atención a los invitados internacionales, así que yo empecé a compartir con ellos, sacarlos a pasear, a almorzar y cosas así. Mientras tanto, Carl, se reunía con los hermanos de África el mayor tiempo posible aún en medio de los ajetreados días de la conferencia; siempre comía con ellos y se aseguraba de permanecer en contacto. Ahí fue cuando escuché a algunos de ellos tocar el tema de la relevancia de FCF en sus vidas y expresaban que necesitaban algo diferente. Lo que más escuché es que tanto Félix como muchos otros, venían a las conferencias para pasar tiempo con Carl.

Escuché a alguien preguntar, "¿Qué pasa si Carl se va?, ¿cómo encajaremos en FCF?, Necesitamos compañerismo más intencional entre nosotros para que podamos conocernos mejor. Entonces tenemos que tomar una decisión sobre lo que sucederá con nuestro futuro". Poco tiempo después de esa conferencia, todos recibimos un correo informando que FCF había eliminado el departamento de misiones y que, por lo tanto, Carl ya no estaría asociado con el ministerio. Todos aquellos que conocían a Carl y habían pasado tiempo con él durante las conferencias, lo bombardearon con solicitudes para seguir juntos y hacer algo diferente.

Fue entonces cuando Carl decidió formar FCCI. Carl nos animó a no movernos de nuestra organización: "No está en mi corazón afectar a FCF. Por favor, quédense en donde están". Y eso es lo que le decimos a la gente hasta el día de hoy, "Quédate en donde estás, incluso si quieres ser parte de FCCI".

Efectivamente, al año siguiente, cuando el pastor Bruce patrocinó una reunión en Tucson, todos los hermanos africanos que se habían reunido en el hotel en Tulsa estaban allí y hemos continuado nuestra relación desde ese momento. Todas nuestras conferencias y reuniones estuvieron en los Estados Unidos, hasta Malawi en 2017 y Sudáfrica en 2019. Fuimos allí porque nos resultó difícil cumplir con nuestro presupuesto teniendo nuestra conferencia en los Estados Unidos. Además, las personas que querían venir a la conferencia eran pastores locales de todo el mundo y a menudo no podían obtener visas para viajar o recaudar el dinero para venir a los Estados Unidos.

★★★★★

Dr. Carl

Ahora que el Dr. Reggies está asumiendo el liderazgo de FCCI, estoy viendo el futuro más claramente. Es la visión que tuvimos al principio, el Señor quiere que Su pueblo sea unido y trabajen juntos, no que tenga una mentalidad de élite o de enfrentamiento. Nunca he exhibido esa actitud. Fui parte de las Asambleas de Dios durante años, pero algunos me veían como un poco rebelde porque estaba dispuesto a trabajar con cualquiera y, por lo general, encontraba que "cualquiera" quería trabajar conmigo. Siempre he tenido ese espíritu de cooperación y aceptación. Nunca he tenido un espíritu sectario y no veo ni un ápice de eso en Reggies.

El Señor quería que proporcionáramos un hogar espiritual a muchas personas que necesitaban uno. Necesitaban un lugar donde la gente los aceptara y los amara, pero aún así los desafiara a ser todo lo que pueden llegar a ser. Ese ha sido el énfasis a lo largo de mi carrera ministerial: amar a las personas donde están, pero desafiarlas a ir más lejos y convertirse en lo que pueden ser. Al mismo tiempo, nunca he recaudado dinero de los miembros para ninguna necesidad administrativa. Hemos hecho saber a todos cuando alguien tenía una necesidad, y hemos hecho promesas para el presupuesto de la conferencia bianual, pero no recaudamos dinero para las oficinas o mi apoyo.

Tampoco reclutamos. Simplemente aceptamos a aquellos que sienten que podemos ser útiles. La mayoría vienen porque han sido recomendados por alguien o a través de relaciones con miembros de FCCI. Si hubiera aceptado a todos los que quisieran ser parte de FCCI, ya tendríamos 20,000 miembros. Sin embargo, a menos que conozca a alguien o sepa quién los está recomendando, no los acepto; hasta que pueda ir a ministrar en sus iglesias y me pueda reunir con su familia y ver su trabajo, no aprobaría su participación. Hay algunos líderes que se están uniendo a las organizaciones, pero a menudo por las razones equivocadas.

Nuestras conferencias han sido referenciadas como eventos familiares porque se sienten como una reunión familiar. Cuando nos reunimos, los predicadores en nuestros eventos son personas que conocemos. Cuando empezamos, fue porque sentíamos que la gente necesitaba un hogar y un lugar al que pertenecer. No necesitaban venir y escuchar a un ministro de renombre hablar con ellos, que también requeriría una gran tarifa por hablar. Nos reunimos y hablamos entre nosotros, compartiendo unos con otros lo que el Señor nos estaba diciendo. Disfrutamos del compañerismo y comimos juntos, lo que significa que todos los líderes, predicadores, expositores y asistentes comieron en el mismo salón. No quería dar la idea que había una jerarquía o que los líderes merecían un trato especial. Además, nunca hemos enviado invitaciones ni publicitado nuestros eventos. Tal vez llegue el momento en que lo hagamos, pero eso dependerá del Dr. Reggies y la junta de anciano.

★★★★★

Dr. Reggies

Ese ha sido nuestro estilo. La gente rápidamente se da cuenta de que no existen barreras entre un grupo y el otro. No esperamos que los líderes sean servidos. Lo que queremos es que sientan que todos son iguales y que pertenecen al mismo equipo. Existe plena libertad de pasar tiempo, hablar o comer con cualquier persona sin pensar que alguien se puede incomodar con ese hecho.

★★★★★

Dr. Carl

Cuando estaba en FCF, las personas se sorprendían cuando

alguien llamaba a pedir una cita conmigo, y yo inmediatamente, aceptaba. Claro, ya habían tratado de contactarse con otros líderes pero no había sido posible. Siempre les decían, "llama a Carl Conley en FCF, él te atenderá". Varios ministros de FCF, están activamente sirviendo, porque alguna vez, vinieron, aparté tiempo para hablar con ellos, los escuché y les ayudé a elaborar estrategias para estructurar su ministerio. Nunca pude entender por qué una organización no se tomaría el tiempo para escuchar a las personas que pretendían estar capacitando y sirviendo.

★★★★★

Dr. Reggies

Nos aseguramos intencionalmente de que no haya barreras. Por ejemplo, las conferencias son gratuitas. Confiamos en que las personas que se benefician de esto extenderán su mano y extenderán su corazón para decir: "Quiero apoyarte en lo que estás haciendo".

Al mismo tiempo, como Carl mencionó, no reclutamos miembros. De hecho, recibimos solicitudes regularmente preguntando: "¿Qué tengo que hacer para ser parte de ustedes?" Respondemos: "Queremos conocerte y que nos conozcas mejor". Si alguien no está abierto a que lo conozcamos primero, entonces levanta una bandera roja para nosotros. Luego los referimos a alguien que es parte de la familia FCCI en su país o región para que haga contacto y puedan conocerse. Una vez, haya pasado este proceso y sea viable la admisión, es gratamente bienvenido a nuestra familia. Obviamente, hay personas que quieren venir porque creen que como nuestra organización fue fundada en los Estados Unidos, podemos darles apoyo financiero, pero no, no funcionamos así.

Somos una red de líderes. Nuestro enfoque principal, es el desarrollo personal y profesional de los líderes para que ellos a su vez, hagan lo mismo con los suyos. Esos líderes están haciendo un trabajo maravilloso. Tienen más seguidores que nosotros. No necesitan que alguien desde una oficina en casa les diga cómo hacer ciertas cosas que ya saben hacer, o que les solicite que envíen sus ya escasos recursos para mantener una sede.

Cuando los visitamos, queremos empoderarlos para que

hagan su mejor trabajo en el contexto en el que están. No tenemos camisas de fuerza. No imponemos reglas a donde vamos. Nos adaptamos a las normas locales y al clima cultural a medida que avanzamos. Queremos que la gente diga: "Siento que realmente me ayudaron" y no, "quedé tan endeudado, que tendré que pedir ofrendas especiales durante los próximos dos años para pagar su conferencia o visita". Queremos empoderarnos unos a otros de una manera que conduzca a resultados tangibles.

Cuando hicimos nuestra conferencia en Malawi, hablé con Agustín, nuestro anciano local, para preguntarle: "¿Exactamente en qué ha cambiado tu ministerio desde que estuvimos allí? Dame resultados tangibles". Por ejemplo, había una iglesia que estaba casi dividida y gracias a que algunos de sus miembros asistieron a la conferencia, lograron entender el poder de la unidad, arreglaron sus asuntos y ahora, todos están halando hacia el mismo lado.

Nuestra conferencia también mejoró la posición y la estatura de nuestros miembros en la región. Después de que nos fuimos, el gobierno reconoció a los líderes locales por haber podido organizar una conferencia internacional en su país. Y es por eso por lo que, a muchos líderes les resulta bueno y fácil asociarse con nosotros. No hay carga de membresía. Confiamos en que las personas serán lo suficientemente responsables como para querer apoyar nuestro trabajo. Esa es la historia de FCCI y como se ha convertido en un lugar llamado hogar para muchos de nosotros.

★★★★★

Dr. Carl

Con el tiempo, hemos aprendido que siempre hay personas que toman todo lo que les des sin dar nada a cambio. Algunos que se han hecho parte de nosotros, con el tiempo, demostraron su falta de compromiso y responsabilidad...sin embargo, muchos otros se han convertido en socios valiosos y fieles, lo que ha sido una alegría y bendición trabajar con ellos. La gente me preguntaba: "¿Cuánto tiempo seguirás haciendo personalmente lo que estás haciendo?" Mi respuesta era: "Mientras el llamado de Dios esté, la gente todavía me quiera y el Señor provea". Cuando una de esas tres condiciones no se dé, entonces entenderé que es el momento de ceder mi responsabilidad.

Cuando empecé, mi oración era: "Señor, Tú me has llamado a esta obra. Voy a dar lo mejor de mí, pero nunca le mendigaré a nadie, nada para hacerlo". En mis primeros días de ministerio, la gente me identificaba como el misionero de las Asambleas de Dios para los indios. Odiaba el término. Yo era pastor, no misionero. Le dije al Señor: "Voy a tener mi propio negocio para ser independientemente rico. No quiero pedirle *nada* a nadie. Haré el ministerio de Dios y pagaré por ello, muchas gracias. No quiero el dinero de *nadie*". Esa fue mi actitud, por cierto, muy equivocada. Para tratar de ganar el dinero que necesitábamos, me metí en el negocio de bienes raíces y compré 30 apartamentos en el centro de Phoenix. Un año, cuando la tasa de desempleo aumentó al 14%, mi negocio se fue a pique. Estaba literalmente a horas de declararme en bancarrota.

Todo mi capital era, mi casa, mi carro y $ 3,000 en el banco. Un día caluroso de julio, iba caminando por el centro de Phoenix después de dejar mi carro en el taller, cuando levanté mis brazos al cielo y grité: "Está bien, Señor. ¿Quieres la iglesia? ¿Quieres el negocio? ¿Quieres el carro? ¿Quieres la casa? ¿Quieres a mi esposa? ¿Quieres a mi hija? Está bien, te entrego todo. Te doy todo para que hagas lo que quieras. Te voy a obedecer sin hacer preguntas". Me di cuenta de que el Señor nunca quiso que fuera independiente en *nada de* lo que hice. Él quería que yo fuera totalmente dependiente de Él y que además, podría usar a otros para suplir mis necesidades. Así que ahí es donde he estado desde entonces y el Señor ha provisto fielmente cada necesidad.

La estructura de liderazgo de la FCCI surgió de mi experiencia como pastor. Teníamos una junta directiva corporativa como requisito legal gubernamental por aquello del manejo de las finanzas y el propósito o misión de la organización. La junta de la iglesia tenía claro que nunca tendría un miembro en la junta a menos que primero fuera un anciano. (Definí a un anciano como alguien maduro espiritualmente y siervo fiel de la iglesia).

Cuando comenzamos FCCI, solo éramos cuatro o cinco amigos que nos conocíamos lo suficientemente bien como para considerarnos una junta directiva y ancianos para la organización. Primero, estábamos Louise, Bruce y yo, los tres ancianos y directores fundadores. Nuestro sentimiento era que el liderazgo espiritual de la organización debería estar constituido por personas mayores con un ministerio apostólico comprobado y reconocido en la esfera donde vivían.

A medida que pasaba el tiempo y FCCI crecía, hombres como Félix Omobude de Nigeria, con quien tenía una relación cercana desde hacía varios años, entraron en FCCI. Cuando era parte de FCF, visité su ministerio muchas veces. Después de que se unió, le pedimos que se convirtiera en parte del consejo de ancianos y, luego, uno por uno, le pedimos a otras personas que se unieran, hombres como el difunto obispo G. Thomas, un hombre que tenía más de 200 iglesias en la India. (El hijo del obispo G. ahora ha asumido el liderazgo de ese ministerio después de la muerte de su padre en febrero de 2021). Félix fue quien sugirió que deberíamos nombrar al obispo Thomas como anciano. Los hombres a quienes invitamos a ser ancianos fueron recomendados porque tenían algo en ellos que podría bendecir a los miembros de la organización.

Una por una, las personas han sido añadidas a medida que sentimos que el Señor nos guía. Por ejemplo, cuando estábamos en Sudáfrica, Reggies vino a mí y me dijo: "Siento que deberíamos traer al obispo Levy Silindza como anciano". Como Reggies es el superintendente general, no necesitaba mi aprobación para hacerlo, pero lo discutió con todos los ancianos, y estuvimos de acuerdo. Esa es la forma en que siempre hemos manejado cada situación en nuestra organización. Nunca he nombrado a alguien como anciano sin antes discutirlo con los demás. Si eso era algo que estaba sintiendo en mi corazón y esa persona podía aportar algo y los ancianos estaban de acuerdo, lo invitábamos a unirse.

Hablando de personas importantes que sirvieron a FCCI, hay una persona que siempre ha estado allí conmigo para apoyarme y fortalecerme en el trabajo al que habíamos sido llamados. Esa persona es mi esposa Ellene, así que le pedí que escribiera algo desde su perspectiva sobre nuestro viaje. Escuchemos de ella en el próximo capítulo.

CAPÍTULO DOS

Una Familia Involucrada

Ellene Conley

Carl y yo nos conocimos en Tucson en la Iglesia de la Primera Asamblea de Dios, parte de la denominación en la que me había criado. Yo era pianista allí, así que el pastor me llamó un día para decirme: "Tenemos un invitado que va a cantar y necesitamos que lo acompañes con el piano". En ese momento, también era estudiante en la Universidad de Arizona, donde me especializaba en educación en economía doméstica. Cuando nos conocimos, Carl acababa de salir de la escuela bíblica. No pensé que me casaría con Carl ni con nadie en ese momento de mi vida, ya que el matrimonio no estaba en mis planes.

Cuando me gradué, enseñé por un tiempo y mientras Carl y yo nos preparábamos para la boda, se hizo evidente que él iba a ser pastor. No soy muy buena hablando, pero mi área de contribución a cualquier ministerio en el que hemos estado involucrados ha sido la música junto con la organización y la administración, y algo de enseñanza. Siempre estuve bastante involucrada en nuestras iglesias, pero nunca fuí muy visible.

Después de casarnos en Tucson, fuimos a la ciudad de Panamá, Florida, para servir en la Iglesia de la Primera Asamblea, que era la segunda iglesia de la Asamblea de Dios más grande del mundo en ese momento con tal vez 1,500 personas. Carl sirvió como pastor asistente y supervisó a 150 maestros y líderes en la Escuela Dominical. Hicimos un programa de radio diario y uno de televisión semanal, los cuales fueron populares en 1959. Hoy en día, son seculares.

A partir de ese momento, nos involucramos en el trabajo con los Nativos Americanos, primero en Mescalero, Nuevo México y luego en Albuquerque. Estuvimos allí durante cinco años. Terminamos de construir una iglesia y luego construimos una instalación educativa. En Mescalero, hicimos un trabajo muy interesante con la tribu Apache. Son personas intensas, pero conocieron y sirvieron al Señor. Ellos amaban intensamente y de la misma manera expresaban su enojo al resolver sus diferencias.

No había término medio con los Apaches. O te amaban o no lo hacían. Tuvimos la experiencia más maravillosa. Nos encantó, y los amamos. Nuestra única hija nació mientras estábamos allí. Luego fuimos a Albuquerque y tuvimos otra experiencia maravillosa. Realmente no había mucho allí hasta después de que construimos la nueva iglesia. Todos ayudaron a construirla y tuvimos personas de 18 tribus diferentes.

Cuando digo que todos trabajaron, me refiero *a todos*. Las mujeres cavaron los cimientos y estaban orgullosas de su logro para el Señor y la iglesia. Fue fascinante ver a esas 18 tribus unirse para trabajar como una sola, lo que sólo el Espíritu del Señor podía lograr. Permítanme contarles una anécdota de cómo las diferencias entre tantas personas se tornan amigables cuando se unen para agradar al Señor.

A los de la tribu Navajo les encantaba el cordero y lo cocinaban afuera, por lo tanto, olían a humo. Entonces, un día hicimos un picnic en la iglesia y estábamos asando perritos calientes, hamburguesas y cosas así, cuando una señora de la tribu Acoma, se me acercó en medio del humo de la parrilla y me dijo: "Hermana, aléjese de allí. ¡Va a oler a Navajo!" Nos reímos porque aprendimos a disfrutar de las pequeñas diferencias culturales y fuimos testigos de cómo el Espíritu Santo los tejía en un solo cuerpo como iglesia.

Si bien nunca trabajé con Nativos Americanos antes de nuestro trabajo en la iglesia, nunca tuve ningún problema para llevarme bien con todos. Son personas maravillosas. No eran personas muy expresivas, pero cuando conocimos su corazón, descubrimos que eran generosos y amables.

Nuestra iglesia estaba justo al otro lado de la calle de la escuela de Nativos Americanos donde sus hijos asistían en ese momento. Era un internado donde los niños nativos vivían durante los nueve meses del año escolar. Luego, en el verano, los visitábamos en sus casas y una vez más éramos testigos de las diferentes costumbres entre las diversas tribus.

Carl les prometió que, si asistían a la iglesia el 90% de los domingos durante el año escolar, los visitaría en el verano. Lo hizo para fomentar la asistencia y terminamos yendo a muchos lugares diferentes cada verano. ¡Eso significaba que a veces tendríamos que ir a Colorado para encontrar a uno de los estudiantes que vivían con su familia a 10,000 pies sobre el nivel del mar! Nos encantó. Mi hija y yo también fuimos. Yo era parte de todo y aunque no cantábamos mucho, organizaba los viajes.

Entonces las cosas en el ministerio de Carl comenzaron a cambiar. W. T. Jeffers fue la primera persona que llegó a la conclusión de que Carl tenía algo que ofrecer a nivel internacional. Antes de eso, éramos personas de la Asamblea de Dios que servíamos al Señor tras bambalinas en entornos de iglesias locales, pero W. T. vio algo más en mi esposo. Lo animó y le dio la oportunidad de pensar y soñar al respecto. Yo diría que fue el hombre más influyente en la vida de Carl en esos años. Él es el que vio algo en Carl que no sabíamos que estaba allí.

Carl tenía un impulso en él para hacer algo, pero no sabía lo que era. W. T. lo vio y le pidió a Carl que se convirtiera en el director nacional de su organización. Al principio Carl se negó, diciendo que era un pastor y no quería estar viajando. Sin embargo, W. T. animó y desafió a Carl y pronto Carl estaba ocupado estableciendo oficinas en todo el mundo. No sabía que tenía esa habilidad. W. T. lo vio y le dio la oportunidad de desarrollarla, y Carl lo ha estado haciendo desde entonces.

Carl se iba el domingo por la noche o el lunes por la mañana y volvía a casa el viernes. Una vez, cuando llegó a casa, le dije: "Cariño, ¿sabes qué es lo que más extrañaría si algo te sucediera?" Por lo general, no se me ocurren comentarios chistosos, pero cuando me preguntó qué, le dije: "Tus pequeñas visitas". Se rio hasta llorar, pero era cierto. No estaba mucho en casa, excepto los fines de semana.

Todavía pastoreaba la iglesia, así que cuando estaba en casa, era trabajando de aquí para allá. Aun así, la iglesia continuó creciendo al igual que el trabajo de apadrinamiento de niños que Carl estaba haciendo. Dirigí la oficina de Albuquerque con ocho personas para ese ministerio durante varios años. Me encargaba de la parte administrativa y también de entregar los útiles que los padrinos enviaban a los niños.

Carl siempre me dice que tengo una cara internacional que encaja en cualquier lugar. Cuando pastoreaba en Tarpon Springs, Florida, la gente pensaba que yo era de Grecia. Caminábamos por la calle en la comunidad griega, y algunas personas me hablaban en griego. Yo decía: "Lo siento. No hablo griego". Una vez una mujer se alejó diciendo lo terrible que era que las chicas griegas se casaran con estadounidenses y luego se avergonzaran de su idioma. Nos reímos, ¡pero no tenía idea de lo que estaban diciendo! Cuando estaba entre los Nativos Americanos, algunos pensaban que era de la tribu Cherokee. Descubrí que tenía una gran relación con todos dondequiera que estuviéramos y tal vez eso fue parte de la preparación del Señor para la obra de mi vida.

Cuando estábamos trabajando para W. T., nos mudamos a Tulsa por primera vez, pero no trabajé en la oficina allí. Para ocupar mi tiempo, compré una guardería en Catoosa y la dirigí. No estuvimos allí mucho tiempo antes de que la vendiera y nos mudáramos de nuevo a Albuquerque. Carl trabajó para W. T. por un corto tiempo y luego trabajó para Don Stewart. Cuando estábamos en Albuquerque, compré otra gran guardería. Mi trabajo en esos años era con los niños.

Nos mudamos a Phoenix para que Carl pudiera servir a Don Stewart, pero yo no trabajaba para él en ese momento. Luego regresamos a Santa Fe, Nuevo México para estar con la iglesia de la Asamblea de Dios allí. Después de que nos mudamos de nuevo a Phoenix para trabajar con Don, ahí si trabajé en su oficina junto con Carl.

En Santa Fe, teníamos una escuela cristiana y yo enseñaba allí. Preparamos muchas obras de teatro con música, como suelen hacer las iglesias en Navidad y otros días festivos. Esas producciones formaban parte del programa de arte y música para los niños de primaria. Toda la escuela estaba involucrada en las producciones. Tuve un asistente maravilloso que era un profesional e hizo toda la puesta en escena y manejó todos los detalles de la producción. Fue una bendición y pudimos realizar algunas actuaciones significativas.

Cuando Carl renunció a la iglesia en Santa Fe, vinimos a Tucson y pastoreamos la Iglesia de la Primera Asamblea allí. Eso fue interesante porque fue donde nos conocimos y nos casamos y allí estábamos de nuevo, pero para pastorear la iglesia. Eso no duró mucho, ya que tan pronto como nos mudamos, después de que terminó el año escolar, Carl renunció y volvió a trabajar para Don Stewart por segunda vez. Fue entonces cuando también trabajé con ellos. Lo creas o no, no habíamos terminado con nuestras transiciones.

De Phoenix, regresamos a Santa Fe a la iglesia que él había pastoreado la primera vez que vivimos allí. Ese pastor, que era un buen amigo de Carl, tuvo un accidente y murió, así que volvimos allí para tomar esa iglesia. Era solo un tipo de arreglo temporal. Este hombre y su esposa, Carl y yo, fuimos los fundadores de LifeLink. Ahí fue donde LifeLink y LifeLink International comenzaron.

Cuando Carl regresó a Tulsa por segunda vez para trabajar con Buddy Harrison y FCF, renunció a LifeLink International, pero permaneció en la junta del ministerio humanitario. En Tulsa, no trabajaba en la oficina. En ese momento, yo cuidaba de mis padres que vivían con nosotros en ese tiempo y ahí fue donde conocimos a Reggies Wenyika.

Carl estaba bastante descontento después de que Buddy Harrison falleciera. En realidad, teníamos nuestra casa a la venta cuando finalmente lo dejaron ir, así que ya estábamos tratando de venderla, pero no era el momento. Tan pronto como fue el tiempo del Señor, la vendimos de inmediato. Estuvo a la venta durante un año y nunca apareció un cliente. Luego, en el tiempo de Dios, la vendimos. Él sabía cuándo necesitábamos hacerlo y eso nos liberó para regresar a Tucson. Cada lugar al que fuimos a servir era una nueva experiencia emocionante. Lloré cuando dejamos Mescalero y ambas obras de Nativos Americanos simplemente porque amaba a la gente y odiaba despedirme. Sabía que, si los volvíamos a ver, nuestra relación sería diferente y no tan profunda. Tendrían un nuevo pastor y tendrían que responder y relacionarse con él. Esa parte de la transición me incomodaba, pero era parte de la vida sirviendo al Señor.

Cuando regresamos a Tucson y FCCI comenzó, Carl estaba muy satisfecho y fue maravilloso ver a mi esposo tan feliz y comprometido con su trabajo. Entró en lo suyo y la gente lo recibió muy bien. Fue una temporada muy emocionante en su vida. Teníamos gente que venía regularmente a Tucson a visitarnos y viajé con él más que antes.

El viaje más difícil que hemos hecho y uno que nunca olvidaré fue a Filipinas. Viajamos y nos quedamos en la casa del pastor que quedaba en la montaña. No había electricidad, baños u otras comodidades. Fue un desafío para mí como mujer pasar una semana entera sin lavarme el cabello ni ducharme. Por lo menos mi esposo podía tomar un baño rápido con cubeta en la parte exterior de la casa. Una vez, cuando se quitó la camisa para bañarse, escuchó un poco de ruido y miró hacia arriba para ver una fila de niños mirando. Querían saber si era "blanco" hasta el final de su cuerpo.

Llovió mucho mientras estuvimos allí. Llegamos por la noche, pero estaban listos para la reunión, aunque el edificio estuviera sin electricidad. Pensamos que la gente aún no había llegado porque todo estaba oscuro, pero cuando pusieron en marcha el generador y encendieron las luces, la iglesia estaba llena. Eran alrededor de las nueve o diez de la noche y aunque acabábamos de llegar, estuvimos en la reunión con ellos.

Para Carl, siempre fue muy fácil encajar con la cultura local y el estilo de vida a donde quiera que fuera. La gente lo amaba. Siempre trataba de llevar a otros con él para que le ayudaran con el ministerio y disfrutaba al máximo la experiencia de trabajar con diferentes personas.

Fue una gran temporada en donde aprendimos a vivir por fe. Recuerdo especialmente el tiempo en Mescalero. Contábamos con más o menos $ 50 al mes para vivir y de ahí teníamos que pagar el alquiler y todos los demás gastos. Cada mes era una aventura porque no sabíamos cuánto íbamos a recibir, así que teníamos que esperar el cheque, para saber qué podíamos comprar y a veces el Señor nos sorprendía al encontrar una bolsa de supermercado llena, que alguien había dejado en nuestra puerta.

Y ahora que ha llegado el día de entregar la responsabilidad a otra persona, es muy especial mirar hacia atrás y recordarlo. Mi esposo ha orado por este día y por años pensaba quién sería el sucesor. Ahora que el Señor ha seleccionado a Reggies, no podríamos estar más felices.

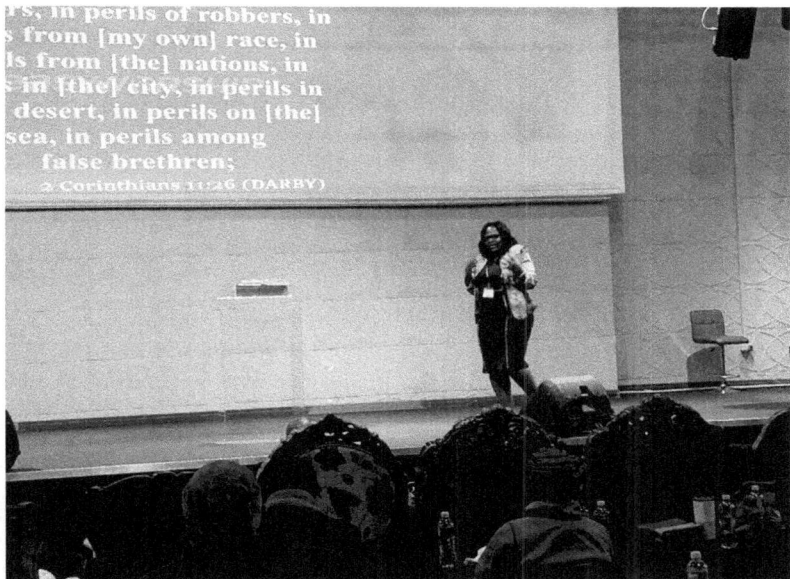

Apóstol Priscilla Mgala conduciendo la conferencia en Johannesburgo en 2019

CAPÍTULO TRES

La Transición

Dr. Carl

Déjenme comenzar este capítulo, compartiendo la carta con el plan para la transición del liderazgo de FCCI a Reggies para dar paso a que él les hable sobre el camino que recorrió para llegar a nosotros. Esta es parte de la carta:

EL SEÑOR ME HA HABLADO A TRAVÉS DE ESTE PASAJE EN ÉXODO.

MI PAPEL EN FCCI VA A CAMBIAR MUY PRONTO

"Aconteció que al día siguiente se sentó Moisés a juzgar al pueblo; y el pueblo estuvo delante de Moisés desde la mañana hasta la tarde. Al ver el suegro de Moisés todo lo que él hacía por el pueblo, le preguntó: *¿Qué es esto que haces tú con el pueblo? ¿Por qué te sientas tú solo, mientras todo el pueblo permanece delante de ti desde la mañana hasta la tarde?*

Moisés respondió a su suegro: Porque el pueblo viene a mí para consultar a Dios. Cuando tienen algún pleito, vienen a mí; yo juzgo entre el uno y el otro, y declaro los preceptos de Dios y sus leyes.

Entonces el suegro de Moisés le dijo: No está bien lo que haces. Desfallecerás del todo, tú y también este pueblo que está contigo, porque el trabajo es demasiado pesado para ti y no podrás hacerlo tú solo.

Oye ahora mi voz: yo te aconsejaré y Dios estará contigo.

Preséntate tú por el pueblo delante de Dios, y somete tú los asuntos a Dios. Enséñales los preceptos y las leyes, muéstrales el camino por donde deben andar y lo que han de hacer. Además escoge tú de entre todo el pueblo a hombres virtuosos, temerosos de Dios, hombres veraces, que aborrezcan la avaricia, y ponlos sobre el pueblo como jefes de mil, de cien, de cincuenta y de diez. Ellos juzgarán al pueblo en todo tiempo; todo asunto grave lo traerán a ti, y ellos juzgarán todo asunto pequeño. Así se aliviará tu carga, pues ellos la llevarán contigo. Si esto haces, y Dios te lo manda, tú podrás sostenerte, y también todo este pueblo irá en paz a su lugar.

Oyó Moisés la voz de su suegro, e hizo todo lo que él le dijo". *(Éxodo 18:13-24.VRV 1995)*

El Señor nos está moviendo como FCCI a la siguiente fase y es necesario hacer algunos ajustes y cambios, así:

1. Reggies será nombrado presidente

Seleccioné a Reggies como mi sucesor después de mucha oración, y los ancianos han estado de acuerdo para que él sea quien asuma el liderazgo de la organización para esta nueva etapa. Desde esta posición, Reggies va a tener la oportunidad de desarrollar y liberar todo el potencial de FCCI con su tremenda capacidad de liderazgo. Reggies asumirá todas las responsabilidades que como presidente de esta organización debe asumir. De hecho, la próxima Conferencia Internacional estará completamente bajo su dirección.

2. Carl pasará a ser vicepresidente, director de Operaciones (COO)

Esto me permitirá seguir sirviendo a la comunidad y a la organización desde mis posibilidades, ya que como ustedes saben, mi corazón está en el trabajo de campo, pero tengo que actuar con sabiduría reconociendo que mi capacidad física para participar en viajes internacionales no es la misma y no lo puedo hacer. Estas serán mis responsabilidades como COO:

a. Apoyar a Reggies como presidente.

- Seré el mentor de Reggies para ayudarlo en la transición.
- Estaré a disposición del presidente para ayudarlo de cualquier manera posible mientras asume este nuevo rol.
- Presentaré informes periódicos al presidente sobre todas las esferas de responsabilidad.

b. Gestión financiera

- Liderar la recaudación de fondos para la próxima Conferencia Internacional.
- Mantener listas de donantes y correo, nacionales e internacionales.
- Recibir y administrar donaciones para FCCI y misioneros.
- Supervisar que todos los asuntos financieros, compromisos, registros, informes estatales y federales, etc. se presenten a tiempo.
- Administrar y mantener al día los registros, las renovaciones y las credenciales.
- Mantener contacto con los donantes e iglesias que apoyan el trabajo de FCCI, con el fin de dar continuidad a su funcionamiento para el cumplimiento de la Misión.

c. Servicio y liderazgo para los ministros miembros

- En cuanto mi salud me lo permita, seguiré visitando las iglesias domésticas ya que son la base de nuestro apoyo.
- Proveer servicios legales a nuestros líderes nacionales e internacionales según sea necesario.
- Proveer asistencia organizacional a nuestra familia FCCI según sea necesario.
- Estar disponible para viajar dentro de los Estados Unidos para visitas iglesias, participar en días de convivencia, etc.

- Ser puente de comunicación y servicio a nuestros ministros e iglesias según sea necesario.

- Animar a los jóvenes a avanzar en el ministerio y apoyar sus esfuerzos.

3. Enseñanza a través de la tecnología

A través de la tecnología y los medios convencionales, puedo continuar hablando a la vida de nuestros ministros y líderes.

- A petición del Anciano Solomon Mwesige, actualmente, estoy grabando una enseñanza semanal en video que está siendo transmitida por la Estación de Televisión Cristiana de Salomón a toda la nación de Uganda. Estas enseñanzas podrían estar disponibles en el sitio web de la FCCI como un recurso para nuestros pastores y líderes.

- Publicar nuevas enseñanzas y capacitaciones en video para entrenar e impartir sabiduría a nuestros pastores y líderes.

- Escribir un blog en el sitio web para motivar e instruir a nuestros líderes.

- Producir mensajes en video para eventos específicos que, podrían enviarse a cualquier reunión nacional o internacional realizada por cualquiera de nuestras iglesias. Podría ser un mensaje completo de 30 minutos o una versión más corta dependiendo de lo que se necesite.

4. Los Ancianos pasan a roles más grandes

Nuestros Ancianos deberán asumir un rol de supervisión más activo. Eso requerirá de ellos un esfuerzo para proveer fondos para sus obras. La estructura de esta iniciativa se trabajará con el grupo dirigido por el presidente. Todos los cambios necesarios estarán bajo el liderazgo de Reggies. Siento que es importante que los ancianos participen en los ministerios de la región en donde sirven.

- También creo firmemente que nuestros pastores

y líderes deben contribuir al apoyo de ministerios fuera de su propio ministerio local.

- Dado que algunos de nuestros Ancianos están envejeciendo, es importante que todos los Ancianos comiencen a crear un plan de sucesión y comiencen a formar sus reemplazos.

Bueno, ya les compartí el plan que se desarrolló durante años. Ahora, escuchemos a Reggies y dejemos que él llene los vacíos desde su perspectiva.

★★★★★

Dr. Reggies

Quiero dejar claro que mi relación con Carl es anterior a FCCI y se remonta a cuando trabajaba en FCF. Cuando Carl hizo su transición fuera de FCF, nos reunimos y compartió la visión que tenía para comenzar FCCI. Nos reunimos en la casa de Sharon Scarff, y Carl trajo a algunas personas y todos escuchamos su plan. Luego Carl nos ordenó y yo estuve entre el primer grupo en ser ordenado a través de la recién formada FCCI.

Poco después de esa reunión, Carl se mudó a Tucson, y un año más tarde tuvimos nuestra primera reunión de campamento como los llamábamos en ese tiempo. En ese momento, para ser honesto, yo era simplemente, uno más. Yo era como un boy scout "siempre listo". Yo era el tipo que llegaba temprano antes de la reunión del campamento para ayudar a dar la bienvenida a todos los invitados. Iba a recoger a algunas personas al aeropuerto. Luego, en el hotel, me paraba en el vestíbulo, dando la bienvenida a la gente y me aseguraba de que todos estuvieran donde necesitaban estar. Trabajaba con el equipo local, ya fuera en una iglesia o en un grupo de voluntarios. Nunca prediqué ni agarré el micrófono para hacer un anuncio, pero estaba feliz. Me sentía como en casa.

Me sentaba en la parte de atrás en las reuniones y eso era todo. Lo hice durante muchos años, pero no me molestaba en absoluto. La gente sabía que cuando venían a FCCI y volaban desde otro país, era mejor tener mi número. De esa manera podíamos conectarnos en el aeropuerto o durante el evento en caso de que necesitaran algo, ya fuera información, un paseo o un cepillo de dientes.

Yo era feliz en ese papel. Para algunas conferencias, toda mi familia viajaba conmigo solo para asistir a las reuniones. De vez en cuando, iba a la oficina para ayudar a responder correos electrónicos, hacer llamadas o confirmar citas con la gente. Así es como pude conocer a todos los líderes y miembros de la FCCI, siendo la persona de contacto para nuestros visitantes internacionales.

En 2009, tuvimos una conferencia fuera de Tucson, en Roanoke, Virginia. Ahí fue donde Carl me preguntó si podía llegar temprano ya que él tenía deberes en su iglesia el domingo y no podía llegar hasta el lunes. Me alegré de hacer eso no solo porque amaba FCCI, sino también porque Carl había sido muy bueno y amable conmigo. Permítanme explicar un poco por qué estoy tan agradecido por Carl Conley.

NUESTRA VISA

Cuando llegué a los Estados Unidos, tenía una visa de estudiante no inmigrante, pero necesitaba desesperadamente una visa de residente. Una organización con sede en Pittsburgh, Pensilvania, había prometido ayudarme con esto, pero nunca lo cumplieron. Todo lo que necesitaba era una carta de patrocinio ya que llevaba mis credenciales de ordenación de esa iglesia. No estaba pidiendo ni dinero, ni ministerio, ni nada por el estilo.

La carta solo necesitaba decir que este hombre es uno de los nuestros y pertenece a nuestro grupo. El grupo debatió y dudó, y finalmente dijo: "No vamos a hacer eso por ti". Estaba desconcertado porque teníamos una relación ministerial en ese momento y no tenía otra opción, o eso pensaba. Fue entonces cuando conocí a Carl Conley. Me preguntó si necesitaba algo, así que le pregunté audazmente si podía ayudarme y no se inmutó. Él dijo: "Está bien, no hay problema. Solicitemos una visa de trabajador religioso". A partir de ahí, manejó todo el papeleo y envió la solicitud.

En 2004, cuando solicité la visa de trabajador religioso, los funcionarios de inmigración fueron a verificar la veracidad de la información, entrevistando a varias personas en Faith Community Church (FCC) en Tucson. Estas entrevistas y visitas las implementaron inmediatamente después del ataque terrorista del 11 de septiembre de 2001 y los visitantes extranjeros eran sometidos a un escrutinio mayor e intenso. El gobierno de los Estados Unidos quería asegurarse de que éramos legítimos y que la organización realmente existía y tenía los medios para seguir adelante con el patrocinio. Vinieron a la iglesia donde Carl muy amablemente me había asignado una oficina. Después de que miraron a su alrededor y hablaron con algunas personas, obtuve mi visa de trabajador religioso. Esa visa era válida por dos años y a partir de ahí, Carl sugirió que solicitáramos una visa de residencia permanente. Nos ayudó con el proceso y la solicitud se presentó en 2006.

El proceso de la visa de residencia permanente era diferente a la visa de trabajador religioso y tomaba mucho más tiempo. Mientras estábamos en el limbo esperando la visa, el departamento de inmigración de los Estados Unidos nos emitió permisos de trabajo a mi esposa y a mí para que pudiéramos trabajar. Al principio, mi esposa, Bongi, iba a trabajar para Walgreens (cadena de farmacias a lo largo y ancho de los Estados Unidos), pero eso cambió y en 2007 consiguió un puesto en Voice of the Martyrs (Voces de los Mártires) donde podía usar su experiencia periodística. Nos mudamos de Broken Arrow donde vivíamos, a Bartlesville, sin salir del estado de Oklahoma. Todavía estábamos esperando nuestras visas y mientras esperábamos, estábamos como en un mundo virtual. Todos mis viajes internacionales se cerraron por completo, porque no podía salir del país. Tenía invitaciones de la India y de Australia, pero no podía ir hasta que definiera mi estatus migratorio.

Luego, a principios de 2008, recibí una carta de las autoridades de inmigración de los Estados Unidos negándonos la visa de residencia permanente. Eso significaba que nos iban a sacar del país. Carl Conley tiene dos títulos en derecho, así que cuando se enteró, su respuesta inmediata fue: "Voy a apelar la decisión del gobierno". Se puso en contacto con un senador de los Estados Unidos para obtener una carta de apoyo y se preparó para ir a la corte para luchar contra la decisión del gobierno en nuestro nombre. Carl presentó varios documentos y, una vez más, todo lo que podíamos hacer era esperar.

En mayo de 2008, mientras me preparaba para viajar a Tucson para predicar en Faith Community Church con el pastor

Bruce Brock, supe que también podría usar la visita para planear estrategias con Carl sobre el camino a seguir con respecto a nuestro caso de inmigración, entonces, decidí revisar nuestro buzón una vez más antes de irnos a Arizona y, he aquí, allí en el correo estaban nuestras visas de residencia permanente. El día fue el 28 de mayo de 2008.

Desde el principio, supe que con Carl y FCCI, había encontrado un hogar espiritual y un lugar a donde pertenecer. Uno de los peores sentimientos que un ser humano puede tener no es el dolor físico, sino la sensación de estar solo y rechazado. Había hecho todo lo posible para pertenecer a otras organizaciones porque pensaba que tenía algo que dar y quería ayudar.

A pesar de que no estaba buscando nada, esos grupos dejaron en claro que no estaban interesados en mi membresía. Uno de esos grupos fue Faith Christian Fellowship (FCF), pero al menos tuvieron la cortesía de llamarme para sugerirme que dejara su organización y siguiera a Carl Conley. Me recomendaron seguir adelante y lo hice.

Mi personalidad es muy relacional, así que no dejo ir a nadie hasta que descubro que es inminente hacerlo. Cuando me fuí de FCF, no lo hice para unirme a FCCI. Estaba siguiendo a Carl Conley para servirle, pero además él hizo de FCCI un hogar para mi e hizo posible mi visa de trabajador religioso y luego mi visa de residencia permanente. Así es como he podido llevar a cabo mi ministerio bajo el auspicio de FCCI. Quiero honrar y retribuir en amor y servicio a esta organización que me ha permitido permanecer en los Estados Unidos.

En 2009, los ancianos de la FCCI decidieron agregarme al consejo de ancianos. Mi título oficial en aquellos días, ya que todos los ancianos tenían territorios o esferas de responsabilidad, era "anciano itinerante", y eso era lo que hacía. Deambulaba en nuestras conferencias o en visitas ministeriales para servir y ver cómo podía ayudar a los demás. No estaba interesado ni pensando en predicar ni en ninguna posición de liderazgo.

Luego, en 2012, Carl Conley escribió una carta a todos los ancianos describiendo un plan de sucesión. Compartió su visión y nos dijo: "Necesito nombrar no solo a un vicepresidente, sino *al* vicepresidente tanto del ministerio como de la corporación". Sabía que había habido otros a través de los años que Carl pensó que tal vez lo sucederían, hombres que había conocido mucho antes de que yo llegara. Yo era como David cuando Samuel en el Antiguo Testamento fue a buscar al próximo rey y, para sorpresa de David, lo eligió. Yo era el típico tipo al final de la fila y no estaba pensando en un papel con FCCI diferente al que ya tenía.

Cuando Carl me pidió que sirviera como vicepresidente, yo tenía un trabajo de tiempo completo en una universidad. Eso me impidió viajar con Carl a otras partes del mundo a las que iba. Sin embargo, acepté el cargo de vicepresidente con el entendimiento de que algún día sería el superintendente general de FCCI. Carl luego escribió la carta que compartió con ustedes antes y la envió a todos los ancianos, y todos los ancianos respaldaron esa decisión. Y ahí es donde estamos mientras escribo. No estaba buscando esto. No es por eso por lo que me uní a FCCI. De hecho, cuando Carl se acercó a mí por primera vez, no lo quería, pero debido a que sentí que mi corazón estaba unido al de Carl, me vi a mí mismo como el guardián de lo que Carl comenzó. Necesito asegurarme de que continúe y crezca. Por eso acepté.

Hay personas que están en el ministerio de tiempo completo que probablemente podrían hacer y estar más involucradas que yo en este momento, pero creo que lo que traigo a la mesa es la capacidad de conectar estratégicamente a personas de todo el mundo mientras me acerco a que tengan un sentido adecuado de pertenencia. Que lo hago bien. Conecto y uno a las personas, y las personas sienten que han encontrado un hogar. Esa es una de las características importantes que componen el espíritu de la FCCI. Cualquiera que venga a estar con nosotros se siente como en casa. Es por eso por lo que titulamos este libro *Un Lugar Llamado Hogar*.

Una vez que recibí mi visa de residencia permanente en 2008, pude salir del país y estar seguro de que realmente se me permitiría volver a entrar. Mi primer viaje con Carl fue a la India, donde el obispo G. Thomas. Conocí al Obispo G. en persona en 2006. Lo conocía por correo electrónico y por carta. Cuando nos conocimos, yo era el anfitrión y cuidador de los invitados internacionales en la Conferencia de la FCCI. Estábamos un amigo de Corea del Sur y yo comiendo, cuando vi a un hombre solo, entonces me le acerqué y lo invité a sentarse con nosotros.

Mientras cenaba, dijo estas palabras que nunca olvidaré: "He estado observándote durante dos días, orando y pensando: 'Desearía que este hombre me hablara. Este hombre podría venir a mi país. Es de África. Él entendería cómo son nuestras vidas'". Partimos el pan y cenamos juntos y él me invitó a venir a la India. En ese momento, no tenía ni los medios ni el tiempo para viajar. No fue hasta enero de 2012 cuando sentí que necesitaba hacer el viaje. A pesar de que no teníamos dinero y había muchas obligaciones apremiantes, llamé a Carl y le dije: "No sé cómo voy a hacer esto, pero quiero ir a la India contigo".

INDIA

El clima en Oklahoma fue terrible esa temporada de primavera, incluso para los estándares de Oklahoma. El techo de mi casa se dañó por el granizo y necesitaba reemplazarlo. Era un techo viejo, así que sabía que la compañía de seguros no iba a pagar el arreglo completo. Nos iba a costar mucho dinero. Un día, estaba charlando con la persona que estaba arreglando nuestro techo y me preguntó: "¿Qué estás haciendo?"

Le dije: "Necesito ir en un viaje misionero a la India y estoy tratando de descubrir cómo juntar las finanzas para hacer eso".

"¿Cuánto te costará eso?" Cuando le dije que necesitaba $ 5,000, él respondió: "Ven a la oficina y te ayudaremos con eso".

Cuando fuí a su oficina, me escribió un cheque de $ 5,000, así como así. Llamé a Carl y le dije: "Tengo el dinero". Además de esa bendición, la facultad y el personal de la universidad donde estaba trabajando, recaudaron otros $ 3,000 junto con diferentes donaciones para ayudar a nuestros anfitriones y sus amigos en la India. Cuando llegó el día del viaje, llevaba seis maletas que pesaban 50 libras cada una, llenas de suministros médicos, productos femeninos y otras cosas para el ministerio en la India, junto con $ 8,000 en efectivo.

Luego, mis colegas reunieron más dinero para mí y me compraron una cámara porque querían que les enviara fotos de nuestro trabajo allí. Finalmente terminé viajando a un evento de la FCCI, mientras representaba a mis colegas de la universidad a quienes enviaba fotos y un video todos los días. Fue una serie de milagros uno tras otro.

Por ejemplo, cuando me registré en el aeropuerto de Oklahoma City, la aerolínea acordó llevar tres maletas de forma gratuita, pero dijo que tenía que pagar por las otras tres. Miré a la señora que estaba revisando mis maletas y le dije: "Quiero que sepas algo. En estas maletas, llevo donaciones. Si gasto dinero para pagar esto, es dinero que podría estar usando para alimentar a los huérfanos. Hable con su gerente. No quiero pagar por estas maletas".

Ella me miró y se rio, luego dijo: "Estás loco". Le dije: "Solo dile exactamente eso a tu gerente. Dile que hay un loco aquí preguntando si puede llevar tres maletas más de forma gratuita". Me quedé allí durante mucho tiempo después de que ella desapareció en la trastienda. Cuando regresó, no me dijo nada, pero procedió a poner etiquetas a las maletas y las puso en la cinta transportadora, sin cargo adicional.

Cuando aterricé en Chennai, India, mi preocupación era cómo juntar las seis maletas y salir del aeropuerto de forma segura para encontrarme con las personas que me estaban esperando para recogerme. Para colmo, había un policía en el aeropuerto bastante agresivo conmigo, gritando que me apresurara, que tomara mis cosas y me alejara del camino de los otros pasajeros que llegaban. Era muy difícil porque tenía que localizar y transportar seis maletas. Tuve que tomar maleta por maleta…agarrar una y dejarla en algún lugar para poder ir por otra, y así sucesivamente.

El policía estaba tan frustrado conmigo que comenzó a agarrar mis maletas y a ponerlas en carros. Así es como el Señor me proporcionó ayuda, y como pude salí con todas mis maletas empujando un carro y tirando del otro. Cuando me recogieron, no podían entender cómo una persona era capaz de transportar seis maletas. Esa fue mi experiencia yendo a mi primer evento internacional de la FCCI.

Habíamos hecho arreglos para que nuestro anciano de la FCCI de Australia se reuniera con nosotros en la India y Carl venía desde China con Annetta, otra anciana de la FCCI con sede en Filipinas. El compañerismo y el ministerio que disfrutamos juntos en la India fueron fantásticos. También fue una de las mejores predicaciones que he hecho, y lo digo yo. Predicaba cuatro, cinco e incluso seis veces al día.

Sin embargo, India puede ser un lugar difícil, y los miembros de nuestro equipo se enfermaron durante nuestro tiempo allí. Yo fui el único que no se enfermó. Annetta es una enfermera capacitada, pero no podía cuidar a nadie porque estaba postrada en cama. Se suponía que ella era la que manejaba la distribución de los productos femeninos y les explicaba a las chicas cómo usarlos. Terminé yo explicándole a 250 chicas cómo hacerlo. Fue maravilloso y mi piel oscura hizo un muy buen trabajo ocultando lo sonrojado que estaba.

Cuando regresé a los Estados Unidos, recogí mi auto en el aeropuerto, me dirigí a la oficina para dejar los videos que había tomado e inmediatamente tuve que correr al baño porque estaba enfermo. Aunque estuve enfermo durante los siguientes dos días, estaba feliz de que el trabajo se hubiera hecho. Esa fue mi primera prueba de lo que hay ahí fuera y lo importante que es. Me dio una idea de lo que Carl había estado haciendo durante muchos años, y solo Dios sabe el precio que ha pagado por hacerlo.

Ese viaje me mostró las posibilidades de FCCI y las necesidades que podríamos ayudar a satisfacer. Tuvimos la oportunidad de ministrar a muchas personas que no podrían pagar nunca algo así, personas que posieron en redes cada palabra que salió de nuestras bocas. Ellos están muy agradecidos cada vez que los visitamos para apoyarlos. Cuando vamos, cuentan con el hecho de que somos hombres y mujeres de Dios que tenemos una palabra del Señor para ellos.

Ordenación de líderes en la conferencia de Sudáfrica en 2019

CAPÍTULO CUATRO

Avanzando

Dr. Reggies

Nuestro mayor desafío a medida que avanzamos es cómo estructurar el trabajo que hacemos y las oportunidades que tenemos. Obviamente, debo tener un trabajo adicional para ganarme la vida y mantener a mi familia. El ministerio no tiene recursos suficientes para apoyar a Carl, y sin embargo lo haremos por el resto de su vida porque él fundó nuestro trabajo y es lo correcto. Ahora debemos confiar en Dios que Él abrirá puertas y corazones para tener más ingresos. No tenemos muchos gastos generales y es por eso, que hemos podido hacer lo que hemos hecho hasta ahora para ayudar a tantos y llegar a más personas.

Creo que la gente aprecia que no les estamos pidiendo que formen parte de algo con una presencia administrativa que requiera un gran apoyo económico. Nos ven como personas que se han unido para ayudarlos, sin esperar algo a cambio. Queremos equiparlos para que sean mejores en las cosas buenas que ya hacen. Esperamos que aprendan de nosotros cómo pueden ajustar las cosas que limitan sus ministerios o impiden su crecimiento, ya sea personal o profesional. Queremos que hagan lo que hacen bien y que sean capaces de hacer aún más.

No somos lo que yo llamaría "imperialistas" de ninguna manera. No vamos a lugares pensando que lo sabemos todo, diciéndoles a los expertos locales lo que nosotros, los visitantes, pensamos que deberían hacer. Vamos a lugares para animar a las personas y los ministerios y darles las herramientas que tenemos, que los beneficiarán a ellos y a las personas a las que sirven.

REUNIONES ANUALES

Cuando comenzamos nuestras reuniones o conferencias anuales del campamento, a ellos asistían principalmente nuestros ancianos y algunos de sus líderes. Luego crecieron, así que comenzamos a reunirnos bianualmente. Aunque Carl viajaba y tenía un gran impacto a donde iba, yo diría que el viaje a la India fue la primera oportunidad de FCCI para tener un impacto internacional. Más de 200 pastores en la India se presentaron y no tenían posibilidad de acceder a nada como nosotros. Estos pastores regresaron a sus aldeas y desde entonces han estado haciendo un trabajo tremendo. Luego, en 2017, cuando celebramos nuestra conferencia FCCI en Malawi, experimentamos nuestra mayor reunión de personas. Creo que ambos son simplemente los primeros frutos de muchos que están por venir.

Me gustó la forma en que estructuramos la conferencia de Malawi. Plenarias durante la mañana a cargo de personas de diferentes ministerios pertenecientes a FCCI y en la tarde cada región o cada persona presentaba un informe en donde nos contaban a todos: "Esto es lo que hemos hecho desde la última vez que estuvimos juntos". Podían usar un video, PowerPoint o cualquier otra cosa que tuvieran para ayudar a hacer su presentación. Teníamos dos o tres informes de este tipo todos los días.

La ordenación siempre ha sido parte de nuestras conferencias. No somos una denominación, pero nos damos cuenta de que, en algunos países, la prueba de la legitimidad de las credenciales ministeriales es importante. Sentimos que la gente necesitaba saber que una vez se unieran a nuestra comunidad, la acreditación del ministerio era algo que estábamos dispuestos a supervisar y proporcionar. No lo hacemos para poder aumentar nuestra membresía; no somos un servicio de ordenación. Lo hacemos como una herramienta para servir, equipar y empoderar a nuestros miembros para el ministerio en sus respectivas naciones.

También lo hacemos para reconocer que estas personas han sido llamadas al ministerio y a menudo ya son ministros consumados. Cuando aceptan ser ordenados por FCCI, están diciendo: "Me gustaría ser parte de esta comunidad, no solo por lo que puedo obtener de ella, sino también por lo que puedo traer a la mesa para animar a otros a que sean parte de ella".

Solo aceptamos ordenar a personas que conocemos o que son conocidas por nuestros ancianos. Si son recomendados por uno de nuestros ancianos de su país o región, entonces pueden participar. Los ancianos deben ser capaces de dar fe de su carácter y la viabilidad de su ministerio. Manejan las entrevistas y la capacitación como mejor les parezca. Luego pueden explicar lo que significa FCCI y lo que significa ser miembro.

Nunca ha sido nuestra costumbre invitar a oradores externos a la conferencia. Siempre fue familia dirigiéndose a la familia. Eso tiene sus beneficios e inconvenientes. Puede ser un inconveniente porque nuestros miembros no siempre son competentes o experimentados en ciertas áreas para las cuales los miembros necesitan capacitación. A veces, escuchar a las mismas personas puede resultar en la circulación de las mismas ideas, a menos que las personas sean profesionales, llamadas y capacitadores ministeriales competentes que hacen eso para ganarse la vida. El beneficio es que podemos escuchar unos de otros y saber cómo orar y apoyar lo que se está haciendo, y también obtener nuevas ideas que podemos seguir persiguiendo porque conocemos a quienes lo están haciendo. Luego podemos escribirles o incluso visitarlos para aprender más.

Nuestras conferencias son autofinanciadas. Como se mencionó anteriormente, solicitamos promesas de los asistentes y luego recolectamos el dinero. Nos aseguramos de que la próxima conferencia se pague con promesas y ofrendas de la anterior, y eso ha funcionado para nosotros. Queda por ver si mantenemos ese modelo para el futuro o no. Operamos con un presupuesto muy ajustado porque es una reunión familiar. Necesita seguir teniendo esa sensación porque esa es la forma de FCCI. Es un lugar llamado hogar y no un negocio.

Es por eso por lo que no requerimos que nadie abandone la organización, comunidad o denominación de la que ya forman parte. De hecho, los alentamos a tener múltiples conexiones y membresías. Estamos bien con cualquier persona que sea miembro de otra denominación y quiera unirse a FCCI. Todavía se benefician de nuestra red y, tal vez, encuentren algunas de las cosas que hacemos, beneficiosas para que aprendan.

¿POR QUÉ UNIRSE A FCCI?

Tal vez usted es un líder de la iglesia y está pensando mientras lee: "¿Por qué debería unirme a FCCI?" Mi pregunta es: "¿Por qué *no* a FCCI?" FCCI puede servir como un recurso adicional que complementa los recursos que ya tiene. FCCI no está aquí para reemplazar lo que la gente tiene, sino para aumentar o complementar lo que sea que tengan. Esa es una de las razones por las que FCCI ha tenido tanto éxito. FCCI es una organización que da la bienvenida a otros, especialmente a aquellos que no sienten su organización como un hogar. Es un lugar llamado hogar para muchos y regularmente escucho esta característica de muchas personas: se sintieron bienvenidos. Nunca se sintieron como extraños debido a nuestra filosofía de ministerio y cómo abordamos las cosas.

Parece que atraemos a las personas con las que la mayoría de las organizaciones importantes no pasan mucho tiempo. La mayoría de nuestros pastores, a quienes yo llamo los usuarios finales de nuestros materiales o recursos, son personas que nunca pueden pagar por los materiales ni pagar a alguien más por capacitación. Ese hecho nunca nos ha desanimado, mientras que la mayoría de las principales organizaciones encontrarían que ese enfoque del ministerio no es sostenible. Tomamos la decisión de que nunca pararemos esto, mientras llegue al interior de las diferentes naciones.

En FCCI son bienvenidos pastores del campo, pastores que no hablan inglés o líderes que podrían no tener un par de zapatos. Debido a que son pastores y están predicando, ya sea a una congregación de 15, o 150, o 1,500, reuniéndose bajo un árbol o en un edificio en ruinas, los consideramos una parte legítima de la fuerza laboral del Reino. Son igualmente nuestros. No tenemos miedo de ir a donde la mayoría de las grandes organizaciones considerarían inadecuado e insostenible. Se trata de personas y le damos importancia a su alma independientemente de estatus socioeconómico o geográfico.

Dios nos ha dado la gracia de hacer esas cosas y es por eso

por lo que FCCI es única. Un evento de la FCCI es el lugar donde esperamos que todos se presenten completamente preparados para contribuir, al menos animando a otra persona. No estamos pidiendo que lo hagan desde el púlpito, sino más bien en la comunidad. Ahí es donde se lleva a cabo la mayor parte del ministerio y es por eso por lo que siempre nos mezclamos con todos.

Por eso tenemos específicamente un lugar en donde comemos juntos y en donde no hay distinciones. Es por esta razón que soy reticente a invitar a los llamados predicadores de renombre porque son conocidos por esperar un trato especial y es posible que no quieran sentarse a comer con el pastor que no tiene zapatos, pero nosotros sí. Ese es nuestro rasgo característico. Las personas que vienen saben que se van a codear con Carl, todos los demás ancianos y conmigo.

Los líderes tienen que saltar a través de demasiados aros para ser miembros de algunas organizaciones, pero es fácil pertenecer a FCCI. El único aro que alguien tiene que saltar para FCCI es creer en Jesucristo y necesitar compañerismo y aliento mientras está dispuesto a compartir con los demás lo que tiene y sabe. Así que, de nuevo, mi respuesta a la pregunta, "¿Por qué debería unirme a FCCI?" es "¿Por qué no a FCCI?"

LA CONFERENCIA 2019

El tiempo en Sudáfrica fue un momento impactante para mí. Quería que la transición oficial se llevara a cabo en mi tierra natal entre mi propia gente. Fue satisfactorio volver a casa e incluir a hermanos y hermanas de esas comunidades, como en la que me crie en Zimbabwe. También fue especial porque la reunión incluyó a más que solo hermanos y hermanas africanos. Vinieron de todas partes del mundo para asistir a la conferencia. Ese es el poder de FCCI. Las personas necesitan un amigo empático, uno que entienda su contexto y uno que pueda ministrarlos desde ese entendimiento.

En FCCI, las personas encuentran y se relacionan con colegas que tienen la versatilidad y la competencia cultural necesarias para entrar en sus áreas y no ser condescendientes o tiranos. Más bien, estos colegas realmente respetan la cultura, pero al mismo tiempo los llevan a Cristo y les dan las herramientas que necesitan para continuar impactando a sus comunidades. Necesitan a alguien que sea capaz de arremangarse y ensuciarse las manos junto con ellos. Necesitan a alguien que esté feliz de entrar y predicar en las trincheras y ensuciarse las botas y la camisa.

Nuestros ancianos de la FCCI son capaces y están preparados para hacer eso. Dormirán bajo un árbol si eso es lo que requiere el trabajo, y todos lo hemos hecho. Dormirán en un área infestada de mosquitos. Hemos hecho lo que el trabajo requiere. Si usted es una de esas personas que quieren estar sentadas en un edificio alto en el undécimo piso e intentar comandar el mundo desde allí, probablemente FCCI no será un lugar muy cómodo.

Estar de vuelta en África después de haber estado fuera durante 20 años fue surrealista. Algunas cosas han cambiado y otras no. Lo que más me impactó fue cómo pude impactar a las personas debido a lo mucho que Dios me había dado en los últimos 20 años. Pude regresar y retribuir. Hace veinte años, cuando me fui, era un don nadie. Dios me ha transformado y, a su vez, pude regresar y hacer una diferencia transformadora en la vida de los demás. Él me ha dado un ministerio y mi trabajo ahora es regalar el ministerio. Me ha dado la capacidad de conectar a las personas y crear un ambiente donde todos se sientan como si pertenecieran y estuvieran en casa. Soy capaz de hacerlo sin esfuerzo. Eso es lo que llevo a las naciones al unir a las personas. Eso me hace feliz y me hace sentir realizado.

Sudáfrica fue lo más cerca que he estado de mi país de origen desde que me fui. Pero, de nuevo, se podría decir que no tengo un país de origen. Vivo en los Estados Unidos, donde soy ciudadano, pero cada comunidad que es similar a la que vengo, es fácilmente mi hogar. No tengo reparo en ello. En Santa Cruz, Bolivia, me sentí como en casa, en Barranquilla, Colombia, una vez más me sentí como en casa. Lo mismo ocurre con Tenali en Andhra Pradesh, India, y la lista podría continuar.

LA TRANSICIÓN

El traspaso de liderazgo de la FCCI del Dr. Carl a mí es un proceso continuo que fue introducido por los ancianos en Sudáfrica. Obviamente, Carl todavía está en medio nuestro y por eso, nos regocijamos. Carl sigue siendo el anciano principal y nuestra autoridad espiritual. Yo tengo la investidura de autoridad total, pero elegí devolverle algo de ella. A partir de aquí, necesitamos más personas para que juntos nos ayuden a llevar este trabajo a otras partes del mundo.

Mi trabajo es reproducirme en otras personas y ministerios. Mi esperanza es que aquellos que se ven afectados por nuestros esfuerzos hagan lo mismo por los demás. Soy bi-vocacional, por lo que FCCI no es mi trabajo de tiempo completo y no recibo ninguna compensación del ministerio en absoluto. Por lo tanto, tengo que ser un poco más estratégico sobre esta próxima fase. En lo que respecta al liderazgo, vamos a traer una nueva cosecha de liderazgo y llegar a algunas personas y líderes más jóvenes. Luego les daremos una razón para ver a FCCI como un lugar donde ellos también pueden pertenecer y llamar hogar como lo he hecho durante muchos años. Confiaremos en Dios por los recursos para ayudarlos.

Por lo tanto, espero que la siguiente fase sea una fase de crecimiento, a pesar de que la pandemia hizo que todo en el ministerio fuera a paso muy lento para algunos y, lamentablemente, un estancamiento para otros. Ahora que estamos saliendo de nuestros confinamientos, quiero ser más intencional. Midamos nuestro crecimiento y hagámonos responsables ante el Señor por los recursos que tenemos y veamos si estamos haciendo una diferencia medible y documentable. ¿Estamos ganando o haciendo un impacto más allá de la información anecdótica y los testimonios de las personas? ¿Estamos realmente teniendo un impacto y moviendo la aguja en la dirección correcta para el Reino de Dios?

Me gustaría ver a más mujeres en el liderazgo, así como oradores y capacitadores en nuestras conferencias o reuniones. Quiero que hombres y mujeres vengan a un evento de la FCCI y vean a personas que se parezcan a ellos y puedan identificarse con ellos y construir relaciones. Es importante que las personas vengan a un lugar y digan: "Gloria a Dios, las personas como nosotros son bienvenidas aquí".

EXPECTATIVAS

Como superintendente general, hablo por todos nosotros cuando describo las siguientes expectativas. Primero, esperamos que las personas entren en esta comunidad para animar a otros y compartir lo que tienen y lo que saben. Después de todo, es mejor dar que recibir. No estamos hablando de dinero, sino de ministerio. Sé que el ministerio requiere dinero y absolutamente debemos tenerlo, pero el ministerio es ante todo acerca de las personas.

En segundo lugar, esperamos que las personas crezcan personal y profesionalmente como resultado de su participación en nuestro ministerio. FCCI no es para las personas que piensan que ya lo han logrado todo. En tercer lugar, esperamos que la gente apoye nuestro trabajo. No recibo un salario de FCCI, así que cuando me pongo de pie y digo: "Apoye el trabajo", estoy hablando de apoyar la capacidad de FCCI para implementar asistencia, capacitación ministerial y oportunidades de establecer contactos para hermanos y hermanas ubicados en los cuatro rincones del mundo. Esperamos que las personas asuman la responsabilidad financiera de llegar a los demás cultivando una mentalidad y un espíritu de "dador" y no uno de "receptor".

Y finalmente, queremos que nuestros miembros aprendan y se amen unos a otros. Vamos a tener diferencias de filosofía y tácticas ministeriales, pero eso no es lo principal, no es lo que nos mantiene unidos. Mientras alguien crea en el señorío de Jesucristo, mientras crea y sepa que la Biblia es la Palabra inspirada de Dios y elija vivir y llevar su vida de una manera que honre la Biblia, es bienvenido a nuestra comunidad.

Más adelante en el libro, amplío estas expectativas aún más, pero pensé que sería bueno que escucharan a algunos de los otros ancianos y miembros de la FCCI sobre el viaje espiritual que los trajo a nosotros y nos unió. Luego, después de escuchar a Enrique, la pastora Louise, Priscilla, Ebenezer y George, Carl y yo volveremos y cerraremos este libro con algunos pensamientos finales.

La iglesia del Obispo Levy Silindza fue la anfitriona para la conferencia de Sudáfrica.

CAPÍTULO CINCO

Escuchemos A Los Miembros

Yo (Reggies) pensé que sería bueno que escucharan a algunos de nuestros miembros de la FCCI para saber por qué se unieron a la FCCI, qué han ganado de su membresía y hacia dónde creen que se dirige la organización.

★★★★★

Dr. Félix Omobude
Fundador de Gospel Light International Ministries (Ministerio Internacional la Luz del Evangelio), Benin City, Nigeria

Antes de fundar Gospel Light Ministries en 1988, trabajé con el conocido obispo en Nigeria, Benson Idahosa, durante 13 años. Mientras estaba con el obispo Idahosa, probablemente en 1982, la pastora Louise Brock fue invitada a venir y hablar con la red de iglesias de la que formaba parte. Ella vino como parte de un equipo con Daisy Osborne. Fue la pastora Louise quien me presentó a FCF, donde conocí al Dr. Carl Conley. Mientras conocía al Dr. Carl, vi en él a un hombre sincero, hambriento de Dios y apasionado por el Reino.

Creo que la pastora Louise vio los desafíos locales que enfrentaba y sabía que necesitaba relaciones para ayudarme a crecer. Necesitaba exposición a cosas e ideas nuevas. En ese momento, yo había terminado mi entrenamiento en Cristo para las Naciones en los Estados Unidos y antes de regresar a casa, ella sintió que sería bueno para mí reunirme con el jefe de FCF, Buddy Harrison, también visité la iglesia de la pastora Louise y nuestra relación continuó floreciendo, y sigue siendo fuerte hoy en día.

La pastora Louise visitó Nigeria algunas veces y también asistí a algunas conferencias de la FCF. Para ser completamente honesto, y muchos de los miembros internacionales de FCF estarían de acuerdo conmigo, fue el Dr. Carl quien nos sirvió a todos apasionada y desinteresadamente, y eso significó mucho para mí y para todos nosotros. Continué construyendo una relación con el Dr. Carl, quien ha estado en Nigeria varias veces. Lo llevaba conmigo e incluso ha estado en el pueblo donde nací. Por supuesto, lo he llevado a algunas de nuestras iglesias de la red dentro y fuera del país.

Puedo recordar cuando FCCI comenzó. Estábamos asistiendo a una conferencia de la FCF y fuimos a la habitación de Carl. Estando allí, esperando a que él llegara, dije, "la mayoría de nosotros los internacionales vinimos gracias al Dr. Carl y si alguna vez él deja la FCF, nosotros ¿qué vamos a hacer?". Curiosamente, eso fue lo que sucedió. El Dr. Carl se fue y todos tuvimos que tomar una decisión si íbamos a permanecer en FCF o seguir al Dr. Carl.

Honestamente, la misión de mi iglesia y organización es impactar nuestro mundo para mejorar, no construir una organización o jerarquía. Necesitaba personas con una mente similar. En mi opinión, Carl Conley había servido muy desinteresadamente. Nunca nos exigió nada. Es una figura paterna para muchos. Durante ocho años, dirigí a los pentecostales en Nigeria, así que conozco el tipo de problemas que enfrentan los pastores. Conozco los desafíos. Carl Conley se ha convertido en la figura paterna para muchos porque nos conoció y nos ayudó donde estábamos, y no nos usó para construir su propio ministerio. Ayudó a otros a construir el suyo. He sido parte de organizaciones y las he dejado porque solo querían sacar ventaja de sus miembros o mantener el estatus quo. No estaba ni estoy interesado en grupos como ese, por lo que sigo siendo parte de FCCI, y siempre lo seré. FCCI da y no quita.

Cuando escuché que el Dr. Carl estaba comenzando su

propia organización, lo animé y le dije que participaría. El hecho de que la pastora Louise y el pastor Bruce fueran parte fue solo un incentivo más para que yo quisiera involucrarme, porque los conocía y los respetaba. Vine a su primera reunión en Tucson y fue allí donde hablamos sobre cómo financiar futuras reuniones.

Sé que el dinero juega un papel importante en la existencia de cada organización, así que animé a los presentes a comprometer una cierta cantidad para ayudar a financiar la próxima conferencia. La gente respondió y ahora es parte de cada una de nuestras reuniones. No nos vamos hasta que hayamos recaudado el dinero para nuestra próxima conferencia, y me complace desempeñar un papel en eso. Enseño a nuestra gente en Nigeria a ser responsables y generosos con las oportunidades que tenemos. No podía hacer menos como miembro de FCCI.

En los primeros años de mi ministerio, aprendí el valor de las relaciones. Lo que FCCI ha traído a mi vida, a mis iglesias y a mi país no se puede comprar con dinero. Hemos escuchado oradores y un depósito del Espíritu fluye hacia nosotros. Pertenezco a una familia. Si algo sucediera, tengo personas fuertes a las que puedo pedir ayuda. Eso significa mucho para mí. FCCI ciertamente ha jugado un papel importante.

Como líderes de la iglesia, muchos nos admiran. No creen que tengamos ningún dolor, pero cuando tienen dolor, vienen a nosotros. He descubierto en FCCI que puedo venir y derramar mi corazón. Si necesito un amigo, están allí para llorar conmigo. Si soy feliz, se regocijan conmigo. Servimos como una cobertura para los demás. Si en algún momento sienten que me estoy desviando del rumbo, espero que tengan el coraje de llamarme la atención y decirme: "No creemos que eso sea lo correcto". Hay seguridad y protección en eso.

Ahora estamos en un momento en que debe haber una transición de liderazgo. Todos sabíamos que un día el Dr. Carl no iba a poder hacer las cosas que solía hacer. Él y yo hablamos del tema. Oramos y miramos a nuestro alrededor para ver quién de nosotros podría asumir el liderazgo. Sabíamos que el Señor nos estaba guiando al Dr. Reggies. Él tiene mi total apoyo y bendición. Es aún más especial que sea un hermano africano.

Algunos líderes africanos que conozco ni siquiera se acercan a los demás o permiten que otros se acerquen para hablar con ellos. El corazón del Dr. Reggies es correcto. Creció en la visión de la FCCI y es consciente de lo que representamos. Él sabe que puedo llamarlo si algo anda mal con él. Cuando mi hijo fue a estudiar, se quedó en su casa y el Dr. Reggies lo acogió como su propio hijo, como familia. Estoy muy orgulloso de él. Mis oraciones están con él.

Si está leyendo esto y está considerando ser parte de FCCI, lo animo a resaltar el valor de estar involucrado en una asignación global del Reino. A medida que caminamos juntos, podemos enseñarnos unos a otros, reprender cuando sea necesario y dirigir cuando sea necesario si alguien falla. El Dr. Reggies tiene un buen grupo de personas a su alrededor que han sido probadas y aprobadas. FCCI es un muy buen recurso y el Dr. Reggies representa y refleja a través de su propia vida personal lo que representamos. Creo que, si FCCI se centra en el servicio al Reino, lo haremos bien. FCCI está reuniendo los recursos espirituales disponibles con el objetivo de utilizarlos para avanzar en el Reino.

Qué comer, dónde dormir o qué conducir no son mis problemas. Dios me ha bendecido. Sin embargo, soy consciente de que hay muchas personas que aman a Dios, pero cuyas casas son un desastre. Dan lo mejor que pueden, pero están limitados. Necesitamos animarlos y ayudarlos. Recibí una llamada recientemente de un joven que fue a nuestra escuela hace algunos años. Ahora vive en Canadá. Me llamó para recordarme cómo le ofrecí una beca. Ese es el tipo de historias que refrescan mi vida. Eso es lo que FCCI necesita estar haciendo: ayudar a otros a alcanzar su máximo potencial en Cristo. Si hacemos eso, entonces nos expandiremos a muchas naciones del mundo porque seremos conocidos por nuestro servicio, por lo que podemos dar, y no por lo que podemos obtener o tomar. Es importante tener esto en cuenta a medida que avanzamos. Confío en que lo haremos.

También espero tengamos en cuenta a nuestro fundador, el Dr. Carl. El Dr. Reggies me ha asegurado que el Dr. Carl será cuidado y creo que eso es importante. Debemos dar a nuestros líderes dondequiera que estén la oportunidad de apoyarlo. No se sale de la pobreza por la oración o el ayuno. Hay que dar. Tenemos que enseñar a las personas cómo sobrevivir y luego prosperar, en lugar de tratar de alimentarlas, necesitan aprender a alimentarse a sí mismas mientras llevan a cabo su propia asignación del Reino.

★★★★★

Anne Wood
Fundadora y presidente de Life Solution in Abundance International Inc.
(Soluciones de vida en Abundancia Internacional S.A.)

Pasé muchos años en China, principalmente como trabajadora humanitaria entre algunas personas de la iglesia de allí. Nunca fuí a la iglesia subterránea porque era demasiado visible y, por lo tanto, el gobierno me conocía demasiado bien. Mi primer año allí, me ofrecí como voluntaria en el Consejo Cristiano de Guangdong, cerca de Hong Kong. Eso me convirtió en una mujer marcada, por así decirlo, pero eso estaba bien porque Dios tenía Su plan allí para mí.

Después de 13 años, las condiciones de seguridad eran peligrosas para la persona con la que trabajaba estrechamente porque a menudo tenían que protegerme de la policía. Cuando las autoridades finalmente llegaron a mi casa y mi socio no pudo quedarse allí mientras registraban, sabíamos que era hora de que me fuera porque ya no era seguro. Cuando estaba lista para irme, le pregunté a Dios a dónde quería que fuera y me dijo: "Ve a Asia".

Me tomó un año salir de China, ya que viajaba a diferentes lugares mientras escuchaba la dirección de Dios. Fuí a India, Malasia y Singapur, pero no sentí quedarme en ninguno de esos países. Luego vine a los Estados Unidos para asistir a una conferencia de misiones y conocí a un médico de Filipinas que me invitó a visitar su hospital.

Fuí de visita y cuando conduje hasta la ciudad, supe que era el lugar. Era San Fernando La'union. Hay dos ciudades llamadas San Fernando que están al norte de Manila. El primero está cerca de Manila, pero al que fuí está más lejos. En autopista estamos a unas cuatro horas y media de Manila, pero solíamos estar a unas nueve o diez horas en autobús, igual, es fácil viajar allí. En el otoño de 2021, cumpliré 13 años de estar en ese lugar, igual a la cantidad de tiempo que estuve en China.

Dios nunca me ha dicho claramente qué es lo que voy a hacer a donde él me envía. Algunas personas saben qué hacer, pero no saben a dónde ir. Conmigo, ha sido al revés. Sabía a dónde ir, pero no siempre tenía claro lo que debía hacer. Tenía que esperar a llegar al lugar, para empezar a desarrollar lo que Dios quería que hiciera. Esta no fue la excepción y como todavía no sabía qué hacer, empecé a servir a aquellos que Dios me traía y que tenían necesidades. Después comencé un ministerio de mujeres y un grupo para estudiantes de escuelas Bíblicas. Pronto un joven pastor me pidió que viniera a las celebraciones de aniversario y graduaciones, así que construí relaciones allí.

A lo largo de los años he desarrollado un equipo de 10 compañeros de trabajo. Construimos una biblioteca con 2.000 libros e hicimos una biblioteca móvil para ir a las montañas. Hicimos también el ministerio de niños en torno a eso. Nunca faltaron niños durante nuestras jornadas con la biblioteca móvil. También hicimos evangelismo a través de películas. Teníamos un proyecto de subsistencia para mujeres enfocado en la fabricación de joyas.

Luego, hace unos cuatro años, Dios me dio una visión de un blanco de esos que se usan para tiro al blanco. Nunca he sido de visiones frecuentes, así que cuando eso me sucede me llama la atención. El blanco estaba lleno de flechas, excepto el centro, ese estaba vacío. Inmediatamente pregunté: "¿Qué significa eso?" La impresión que tuve fue que ese blanco representaba a la Iglesia filipina. Había trabajado mucho y era un buen trabajo, pero faltaba el centro.

Entonces, me puse a reflexionar: "Oh, pero están haciendo evangelismo allí. Están ganando almas". Era cierto que estaban llegando a los no salvos, pero no a los no alcanzados de la nación. Es sorprendente cuántas personas no entienden la diferencia entre esos dos grupos: los no salvos y los no alcanzados (agrupación de personas que tienen la misma etnia e idioma y en su país de origen tiene menos del dos por ciento de evangélicos cristianos). Tuve que aprender y volver a entender lo que creía saber sobre la Gran Comisión.

Aprendí que realmente no sabía mucho. Creo que la mayoría de las personas asumen que entienden la Gran Comisión, lo que significa que Él tocará a todos los grupos de personas del mundo con el evangelio de Jesucristo. No siempre estaremos yendo a misiones. Él tiene la intención de completarlo, y creo que Él quiere que esta generación sea una generación integral.

La Iglesia filipina ha escuchado profecías de que enviaría muchos misioneros a las naciones y están de acuerdo cada vez que se dice o se habla de eso. El problema es que no saben muy bien cómo llevar a cabo la tarea. Ahora entiendo que Dios me ha levantado para ayudar a movilizar a la iglesia filipina para abrazar y cumplir su parte de la Gran Comisión.

Mi ministerio es un ministerio totalmente registrado en Filipinas. Cuando me vaya, el ministerio les pertenecerá completamente y estará dirigido por ciudadanos de Filipinas. Ahora estamos en esa transición. Hay una joven que tiene 32 años mientras escribo, pero ha estado conmigo durante 10 años. Ella está empezando a tomar decisiones y está lista y dispuesta a asumir más responsabilidades, lo que significa que puedo asumir un papel diferente que no me involucra tanto en las operaciones diarias. Sin embargo, todavía tengo varios sombreros y uno de ellos es como coordinadora de un movimiento misionero entre las iglesias locales de las cuales hay iglesias nazarenas, presbiterianas, bautistas, bautistas independientes, pentecostales, independientes y del Movimiento Misionero.

Se ha convertido en algo dinámico porque estamos trabajando para dirigir ese movimiento, que implica la plantación de iglesias, entre grupos de personas no alcanzadas. Solo Filipinas tiene 32 grupos de personas no alcanzadas y 14 grupos de personas musulmanas no alcanzadas. Esos grupos no tienen una presencia viable de una iglesia o un mensajero del evangelio entre ellos, lo cual es notable hoy en día. La Asociación misionera filipina, con la que estamos trabajando como socios, está apuntando a esos 14 grupos musulmanes en este momento, por lo que estamos organizando muchas reuniones de oración, así como sesiones de capacitación.

También soy la coordinadora del grupo de Colorado llamado AIMS para el norte de Filipinas. Soy entrenadora certificada y coordinadora de esa organización. Mientras escribo, acabo de terminar una reunión con 42 pastores de tres provincias a través de un curso de misiones estratégicas utilizando la tecnología Zoom. Hice un seguimiento tres semanas después desde los Estados Unidos a través de Zoom. Esos pastores están comenzando a levantar jóvenes para que hagan el trabajo de la iglesia para que ellos, los pastores, puedan salir y hacer el trabajo misionero. Es muy emocionante verlo emerger y para mí ser parte de él a través del entrenamiento y el equipamiento.

Mi otro trabajo importante en estos días es en Pakistán. No tenía mucho interés en Pakistán. Todo lo que sabía es que era un país de la India hasta que comencé a conocer a muchos paquistaníes. En 2017, conocí a dos paquistaníes, uno de los cuales estaba en Filipinas como misionero. Luego, cuando fui a Tailandia más tarde ese año, allí conocí a otros cuatro paquistaníes. El misionero ahora es un miembro de nuestro personal de medio tiempo. Luego, otro que conocí nos registró completamente en Pakistán, por lo que ahora allí somos un ministerio totalmente indígena. No tenemos obligaciones con ellos más que como consultores y ayudarlos cuando podamos. Sin embargo, allí ellos son responsables de nuestro ministerio. Es increíble porque tienen un proyecto de traducción y distribución de libros y están investigando cómo traducir y distribuir uno de mis libros. Ya han comenzado un ministerio de mujeres y en la primera mitad de 2021, plantaron 10 iglesias.

Mi conexión con FCCI comenzó cuando estaba en China. Darlene, mi compañera de ministerio allí pertenecía a una iglesia en Missouri y Terry, su pastor, tenía una relación con Carl Conley. Darlene estaba en la iglesia cuando el pastor Terry sacó un pedazo de papel de la basura y dijo: "Creo que iré a esta reunión en Hong Kong y me reuniré con Carl". Cuando dijo eso, Darlene me envió ese anuncio por fax y decidí que iría. Fue un viaje en tren de 24 horas en ese entonces y mientras iba en camino, cambiaron el lugar de la reunión. Así que cuando llegué allí, no había nadie.

Sin embargo, un hombre que se alojaba en la misma casa de huéspedes a donde había llegado desilusionada por lo que acababa de pasar, sí sabía del cambio y había ido a la primera reunión, pero no podía ir a la segunda. Cuando se enteró quién era yo, me dijo: "Carl Conley te está buscando" así fue como llegué a la reunión y finalmente me conecté con Carl cuando era parte de FCF. Eso fue en 1996.

Cuando conocí a Carl, había estado en cierta comunidad ministerial, pero siempre fuí la forastera. Mi cabello era demasiado corto, era mujer, estaba sola y estaba divorciada. Eran personas encantadoras, pero yo no estaba encajando con ellos. Cuando conocí a Carl, hablamos y antes de que terminara nuestro encuentro, él dijo: "La próxima vez que estés en casa, ven a verme a Tulsa". Lo hice y nos conectamos.

En ese momento, estaba bastante aislada en China. Fuí una de las primeras personas en usar Internet en la ciudad. Créeme cuando digo que Carl estaba allí para mí todos los días. A veces requería 20 minutos para recibir un simple correo electrónico, pero él siempre respondía y me ayudaba a sentirme conectada con un grupo, con una mente y una misión similar. Es una de las dos personas que, si no hubieran estado en mi vida, probablemente no habría superado esos primeros y aislados días que pasé en China.

Sin embargo, no fuí parte de FCF. No encontré que el apoyo fuera lo que esperaba de ese tipo de organización. El único apoyo real que llegó fue cuando hicimos un proyecto de pozo en China. Carl recaudó algo de dinero en una de las conferencias, pero en cuanto a las relaciones con ellos, hasta el día de hoy realmente tengo poco contacto con alguien en esa organización. Carl era con quien tenía conexión.

Cuando regresé a los Estados Unidos después de eso, Carl se estaba preparando para tener la primera reunión de la FCCI. Muchos de sus amigos internacionales habían dicho que se iban a quedar con él. Cuando tuvimos esa primera reunión en la iglesia de Bruce Brock, entré y Carl me vio, me llevó a una habitación lateral y me informó: "Vas a ser uno de mis ancianos en FCCI" y así es como serví desde ese momento en adelante. Había sido una bendición tan grande para mí que no iba a decir que no.

Nunca me he arrepentido de haberme quedado con Carl. He hecho lo que he hecho, por FCCI. Recluté a los primeros pastores paquistaníes, y ahora tenemos siete paquistaníes que son parte de FCCI. En 2021, ordenamos a dos más en Filipinas. Ahora tenemos siete en Filipinas. No he presionado para que eso suceda, simplemente sucede.

FCCI ha sido una fuerza estabilizadora en mi vida y ministerio desde el primer día. No ha sido una carga de ninguna manera. Es el lugar donde Dios me ha puesto. Creo que pertenezco aquí. Es mi hogar. No veo que cambie nada de eso. Pertenezco a otra organización en Filipinas, Kingsway Fellowship International, con sede en Des Moines. Les ha ido muy bien en Filipinas.

La razón por la que me uní a ellos en Filipinas fue porque inicialmente necesitaba una cobertura ministerial y me dejaron funcionar bajo su paraguas. Todavía tenemos una buena relación. Cuando puedo hacer algo con ellos, lo hago. A menudo me invitan a hablar en sus grandes conferencias, pero mi primera obligación o primer compromiso es FCCI. Ahora que el Dr. Reggies está asumiendo el cargo de superintendente general, soy optimista sobre el futuro. Todos aman a Reggies y ven la mano de Dios en su vida. Apoyo totalmente al Dr. Reggies y creo que es la persona designada por Dios.

Si estás leyendo este libro y considerando ser parte de FCCI, te aseguro que encontrarás mentoría espiritual cuando la necesites. Dios proveerá consejos, compañerismo y oportunidades a través de las asociaciones que formarás dentro de esta comunidad de creyentes de todo el mundo. ¿Hay obligaciones? No veo nada de eso como una obligación, sino más bien como un privilegio. Con mi presupuesto limitado, apoyo las conferencias todos los meses. De lo contrario, sería difícil hacer cualquier compromiso financiero en un pago alto. Lo hemos hecho durante varios años y siempre he sido bendecida. No es una carga. Dios siempre ha provisto.

Cuando pienso en mis días en la FCF, recuerdo sentir una presión desgarradora por el dinero. Me sentía avergonzada de no poder dar más o a veces me sentía abandonada porque no tenía. No creo que FCCI alguna vez tenga esa actitud hacia las personas a las que sirve.

Espero que hagamos un mejor trabajo en red entre nosotros en los próximos años y no solo entre los líderes. Los miembros deben configurar redes a través de las cuales puedan conectarse.

Por supuesto, ahora con Zoom y otras tecnologías, nunca ha sido tan fácil de hacer. Ahora soy parte de una red fuera de Canadá que comenzó hace menos de dos años, y ya están en 45 naciones con más de 500 miembros. Me pidieron que fuera asesora de las mujeres. He estado haciendo eso como puedo, pero no es mi enfoque principal. Durante mis años restantes como Dios provea la fuerza, quiero hacer lo que pueda para ayudar a FCCI a ser parte de la Gran Comisión tal como la entiendo hoy.

★★★★★

Rev. Enrique Figueroa pastor en Templo Calvario
Camino al Tecnológico, Fracc. Los Naranjos
Navojoa, Sonora, México

Mi nombre es Enrique Figueroa y he sido pastor en el Templo Calvario en Navojoa, Sonora, México durante 38 años. Un misionero de los Estados Unidos plantó la iglesia y luego me convertí en el pastor. No soy bi-vocacional, así que he tenido la bendición de ser un pastor de tiempo completo todos estos años. Conocí al Dr. Carl Conley en una conferencia de misiones de la FCCI. Me sentí atraído por FCCI debido a su corazón para las misiones y no me ha decepcionado. En ese evento, conocí a líderes de India, Tanzania, Nigeria y muchos otros países. Me sentí como en casa y mi corazón estaba muy feliz.

Cuando invité a Jesús a mi corazón, deseaba servirle tal vez yendo a África o a la India como misionero. Sin embargo, estaba trabajando en México con todo mi corazón, pero nunca perdí mi deseo de trabajar con personas en esos países. Cuando conocí a Carl, sentí que Dios me abrió las puertas para ir a estos lugares. Mi primera conferencia a la que fuí con el Dr. Carl fue en Kenia. Después de eso, me invitó a ir a la India. Luego fuí con él a Malawi. Me invitó a ir con él a Nicaragua. Luego me fuí a España con él. Ruego a Dios que me abra las puertas para ir a otras naciones. Esto ha cumplido mi sueño de visitar y predicar en tierras extranjeras. El Dr. Conley y FCCI me han dado la oportunidad de cumplir mi propósito y mi sueño en el Señor.

También ha sido maravilloso que el hermano Carl haya visitado mi iglesia y me haya ayudado como consejero. Él es un pastor y entiende el trabajo. También ha predicado aquí y ha evangelizado en mi pueblo. Muchos pastores son misioneros como yo y se sienten solos. FCCI me ayuda a sentirme parte de la familia o de un grupo. Nunca se trata de lo que pueden obtener a cambio. Se trata de lo que pueden dar.

A pesar de que la pandemia nos ha mantenido separados, espero con ansias nuestra próxima reunión en Tucson. Para mí, va a ser emocionante estar con pastores de todo el mundo. Si fuí a Malawi, debería poder llegar a Tucson.

★★★★★

Pastora Louise Brock, Anciano Fundador de FCCI

Conozco al Dr. y a la Sra. Conley desde hace mucho tiempo y en realidad conocí a la madre de Carl. Estuve en el Distrito de Nuevo México de las Asambleas de Dios durante varios años, donde su madre era misionera en el hogar de algunas tribus Nativas Americanas. Conocía a la familia desde hacía bastante tiempo y en ese entonces era consciente de la pasión de Carl por las misiones.

Luego, cuando estaba afiliada a Buddy Harrison y Faith Community Fellowship (FCF), viajé extensamente a nivel internacional. Había fundado una escuela bíblica llamada Escuela de la Biblia y establecí una en muchos países. Después de que Buddy falleció, las cosas en esa organización cambiaron. Pensé que la organización continuaría con su visión, pero no lo hizo y no estoy segura exactamente por qué no lo hicieron, al menos en mi opinión, no lo hizo.

Carl había estado trabajando con Buddy Harrison y cuando murió, me llamó y charlamos durante algún tiempo sobre su visión y futuro. Mi hijo y yo lo invitamos a él y a su familia a mudarse a Tucson. Cuando comenzó Faith Community Churches International (FCCI), le brindamos apoyo y espacio de oficina para que pudiera tener un motor para lanzar e impulsar su visión. Había sido una especie de representante internacional de Buddy Harrison, así que cuando ese papel cesó, el Señor lo llevó a mantenerse en contacto con todos los misioneros con los que había construido relaciones en FCF.

En FCF, yo había estado activa en el establecimiento de escuelas bíblicas y capacitación de liderazgo, mientras que Carl había sido activo en plantar las iglesias y la tutoría de líderes en diferentes países para convertirse en pastores, o líderes mejor equipados. Enseñé en escuelas bíblicas y seminarios en toda África y viajé millones de millas durante un período de 14 años. Cuando Carl y Ellene se mudaron a Tucson, me pidieron que fuera miembro de la junta y también sirviera como uno de los ancianos de la organización. Felizmente estuve de acuerdo y todavía sirvo en esas capacidades. Tengo un interés significativo en las misiones en el extranjero, y he trabajado estrechamente con Carl durante años en FCCI.

Sentí que FCCI era una buena manera de continuar las relaciones que Carl y yo teníamos con ministerios en África, las Islas y otros lugares de todo el mundo. Tuvimos contactos y formamos FCCI para ser una organización con sede en Estados Unidos que ayudara a los líderes de otras naciones financiera y educativamente, así como a través de esfuerzos humanitarios.

Nos involucramos en prácticamente todo tipo de asuntos que se te ocurran, cosas como enviar dinero, prestar apoyo y ser solidario de cualquier otra manera en que hubiera necesidad. Sé que FCCI ha sido y es un gran consuelo para las personas en países extranjeros. Aquellos de nosotros que somos estadounidenses y nos consideramos misioneros debido a nuestros viajes y conexiones en otras naciones hemos visto lo que FCCI puede significar para aquellos que están trabajando en un campo extranjero. Somos su red de seguridad en los Estados Unidos para ayudarlos.

Estamos aquí para ayudarlos financieramente. Oramos por ellos cuando se extienden demasiado, se cansan o se enferman. Cuando eso sucede, estamos allí. Llenamos muchas necesidades. Estamos activos todo el tiempo, manteniéndonos en estrecho contacto con nuestros socios y amigos. Recientemente recibí a Jeff Rogers de Malawi en mi iglesia. Lo conozco desde hace muchos años y sé que el Dr. Reggies y el Dr. Carl también lo conocen. FCCI tiene relaciones que han durado generaciones y generaciones. Eso no es común en muchas organizaciones.

Carl y Ellene asisten a nuestros servicios de la iglesia y somos los mejores amigos. Almorzamos juntos casi todos los domingos. Nunca recibo un mensaje de un misionero que no le reenvíe a él y del mismo modo, a él a mí. Se siente cómodo con FCCI descansando en la plataforma de esta iglesia sin depender totalmente de ella. Vamos a organizar la convención de 2021 en nuestra iglesia.

Estamos profundamente involucrados en las misiones y yo diría que hemos tenido un impacto significativo para una iglesia de nuestro tamaño. No somos una mega iglesia, pero Dios nos ha bendecido financieramente para que podamos ser una bendición para los demás. Durante la pandemia de COVID-19, nuestras finanzas han aumentado y por esto damos gracias a Dios. Soy una firme creyente y maestra del principio de que lo que siembras, eso cosecharás. Nuestras iglesias FCCI están sembrando iglesias. Creemos que, si sembramos en el suelo adecuado, Dios nos bendecirá abundantemente a nosotros y a nuestros socios.

Fundé Faith Community Church (FCC) en 1981 originalmente como una iglesia de la Asamblea de Dios, pero ahora somos independientes. Desde el momento en que empezamos, hemos seguido creciendo y creciendo. Eventualmente, compramos una propiedad y construimos una iglesia más grande con un diseño maravilloso que mejora la efectividad de nuestro ministerio. Tenemos un edificio de oficinas y un santuario. Estábamos asistiendo unos 2,000 cuando fuí a trabajar con Buddy Harrison y mi hijo mayor se convirtió en el pastor del día a día.

Déjame contarte un poco más sobre mi iglesia. Como dije anteriormente, viajé mucho durante 14 años con FCF. En 2007, cuando Buddy Harrison murió, había sido mentora de muchas personas en Faith Community East Side (Comunidad de Fe del Lado Este) en Tucson, y sabía que Dios me estaba hablando acerca de tomar la iglesia. Cuando ese joven pastor murió, supe que Dios me estaba pidiendo que la pastoreara y la guiara a través del dolor y la pérdida de su pastor.

Nuestras conferencias bianuales de la FCCI son como reuniones familiares. Cuando nos reunimos, tengo la oportunidad de ver a muchos de los amigos que hice cuando viajé para visitar y hablar en sus iglesias. Las principales cosas que puedo dar cuando nuestra gente viene aquí para nuestra conferencia son mi atención y amor, e impartirles revelación o cualquier cosa que Dios me haya dado.

Algunos de estos ministros son pastores fenomenales en

sus iglesias nativas y nos enriquecen a todos cuando comparten sus experiencias y dones en las conferencias de la FCCI. Celebramos sesiones durante toda la semana cuando escuchamos a los ancianos. Yo hablo, Carl habla, Reggies habla. Damos la bienvenida a todos. Los alimentamos y alojamos mientras están aquí. Es un momento de gran compañerismo.

Como se sabe, el Dr. Reggies ha aceptado convertirse en el superintendente general de FCCI. No creo que Carl pudiera haber elegido a nadie mejor preparado y equipado para seguir sus pasos. Creo que el Dr. Regg es fenomenal. Es inteligente, maravilloso y ungido. Tiene un gran llamado en su vida. Ha pasado por muchas pruebas y ha salido victorioso. Tengo la máxima confianza en sus capacidades de liderazgo.

Cuando alguien considera unirse a FCCI, les digo que no conozco ninguna denominación o red de iglesias con un brazo de misiones que sea más activo o productivo que FCCI. Mientras escribo, COVID-19 ha impactado al mundo y a nuestros socios donde viven y ministran. Algunos de nuestros pastores y ancianos se han enfermado con el virus. Hemos pagado las facturas del hospital y del médico donde hemos podido. Hemos enviado computadores. Somos un brazo de financiamiento para muchas de estas iglesias internacionales, además de ser una fuente de relación y asesoramiento.

Siempre hay espacio para más socios en FCCI, siempre. Me gustaría que crezcamos más en los EE. UU. Hay que tener en cuenta que no somos un brazo de una denominación, sino más bien una mezcla de iglesias independientes. Espero que de alguna manera podamos apelar a las iglesias independientes que deseen involucrarse en las misiones para que nos miren, vean nuestra estructura y luego se unan a nosotros en el maravilloso trabajo que se está haciendo.

★★★★★

Ebenezer Omobude
Pastor of Refinery New Covenant Gospel Church
(Pastor de la Iglesia del Evangelio de la Refinería del Nuevo Pacto)
Benin City, Nigeria

Mientras escribo, COVID-19 ha creado un año con

escenarios ministeriales que han sido diferentes e inesperados para todos. En un momento dado, todo lo que hicimos tuvo que ser cerrado. Fue duro. En el transcurso de ese año, Dios me ayudó a crecer junto con la iglesia. Mi iglesia fue capaz de llegar a mucha gente nueva. Pudimos reunir recursos para ayudar a las familias a mantenerse de pie. Económicamente, las cosas se están volviendo más caras. La tasa de inflación es bastante alta, pero Dios nos está ayudando a salir adelante.

Mi iglesia es Refinery New Covenant Gospel Church, una rama de la iglesia principal. La fundamos en abril 28, 2019. Es una iglesia que atrae a una generación más joven. Todavía nos aferramos a los mismos principios de la iglesia principal, todavía predicando el evangelio de Cristo, pero llegando a las personas más jóvenes. Los estamos ayudando a entender lo que significa estar en este mundo, en este sistema actual, y aún amar y temer a Dios, y mantener un corazón para las cosas de Dios.

Mi padre, Félix Omobude, fue uno de los fundadores originales y miembros de FCCI. Fundó nuestra iglesia madre, la Iglesia del Evangelio del Nuevo Pacto, y comenzó nuestra red de iglesias, Gospel Light International Ministries. También tenemos el brazo de alcance que se llama LifeLink International que atiende las necesidades de las personas sin hogar y los que están en el hospital. También tenemos algunas escuelas: Covenant Christian Academy, Lighthouse Polytechnic y GLIM Bible College.

Desde 2013, mi padre ha dirigido las iglesias pentecostales en Nigeria. Recientemente entregó ese deber a otro líder y es bueno tenerlo de vuelta en casa. Comenzó la iglesia en 1988 y ha sido una experiencia increíble. Lo único que se destaca es la integridad que ha mantenido a lo largo de los años. Estoy agradecido de que tengamos una base sólida sobre la cual construir. Si hay algo que mi padre ha hecho por el ministerio y por nosotros, no solo hablando como su hijo sino también como pastor en la iglesia, es que ha sentado una buena base, espiritual y moral. Todos hemos sido capaces de construir sobre eso.

He crecido alrededor de FCCI a lo largo de los años y he llegado a apreciar el corazón de amor que tienen por nosotros y nuestras naciones. Es algo especial estar en un país desarrollado, llegando a los pastores en las naciones en desarrollo. FCCI establece y construye sobre la relación y el compañerismo. Cuando celebraban conferencias en nuestra iglesia y el Dr. Carl Conley entraba, se creaba un vínculo y una relación especial con él y con su equipo.

He tenido el privilegio de asistir a las conferencias de la FCCI en los Estados Unidos y Malawi, y me han enseñado acerca de ser parte de la familia de Dios, que no hay límites naturales, raciales o étnicos entre nosotros. Todos nos reunimos bajo el paraguas del compañerismo para que podamos crecer y aprender unos de otros.

Ahora tenemos la bendición de tener al Dr. Reggies como nuestro líder. Nos da a nosotros, la generación más joven, algo que esperar, algo de lo que nosotros, en los próximos años, estaremos orgullosos porque dejamos nuestra huella y ayudamos a construirla. Siento que es hora de que FCCI tenga un alcance más amplio y global. Vamos a trabajar duro para dar a conocer a FCCI. Queremos llegar a diferentes naciones del mundo. Por la gracia de Dios, tenemos un liderazgo asombroso. Es el momento.

Mi esposa y yo tuvimos el privilegio de estudiar en Southwestern Christian University en Bethany, Oklahoma, bajo el liderazgo y a través de la influencia del Dr. Reggies. Eso también nos dio una imagen más amplia de lo que Dios está haciendo en el mundo. Expuso nuestras mentes a muchos conceptos importantes en nuestra búsqueda educativa que han contribuido al crecimiento y éxito de nuestro ministerio. En mi ministerio, me ha ayudado a tener una perspectiva global. Puedo hablar en cualquier lugar y a una gran audiencia debido a lo que he visto y aprendido de FCCI, sus líderes, y de mi formación académica.

Mi esposa terminó su maestría a través de Southwestern University y también tuvo una experiencia increíble. Desde 2019, ha estado haciendo un gran trabajo en la iglesia. Ella tiene un ministerio de mujeres llamado Made of Honor Outreach a través del cual puede llegar a mujeres más jóvenes y de mediana edad. Trato de seguir su ritmo, pero ella es muy dinámica.

A través de los años, observé de primera mano el impacto que FCCI tuvo en mi padre y en nuestro ministerio. Lo escuché

La Historia de FCCI

decir cuánto significaba para él la FCCI y ser parte de ella. Vi el corazón de servicio y compasión de FCCI. Tuve el privilegio de asistir a una conferencia de la FCCI en Arizona donde conocí a personas de la India, de diferentes naciones de África como Malawi y Sudáfrica, e incluso de mi propia nación, Nigeria. Lo que la conferencia marcó en mi corazón, es que estamos llamados a vivir una vida de amor real y relevante. En la iglesia, muchas veces fingimos amor y fingimos obediencia y gozo, pero en FCCI, he visto que el amor de Dios es real y práctico.

También debo mencionar a mi madre, que es maravillosa y ha sido una fuente de fortaleza y apoyo para mi padre que mientras viajaba y ministraba, ella estaba en casa. Sé que han sido sus oraciones las que me han sostenido y me han mantenido en la gracia de Dios, y han mantenido unida a nuestra familia. Como pasa normalmente en el liderazgo, a mi padre se le pasaban ciertas cosas por alto y ella estaba ahí para asegurarse de que se hicieran. Ella ayudaba a poner a la gente en orden con su impresionante don administrativo.

Mamá y papá fundaron Gospel Light Ministries (Ministerios de La Luz del Evangelio) en el patio trasero de nuestra casa. El énfasis de su ministerio ha sido el evangelismo y el discipulado. Papá nunca enfatizó sobre la prosperidad, pero en cuanto a santidad o salvación, sabía que esos dos temas eran importantes y estructuró una iglesia y un ministerio para asegurarse de que fueran primordiales. A lo largo de los años, papá ha llevado a cabo muchas cruzadas y el Dr. Carl ha ministrado en muchas de ellas, así como en nuestras conferencias para ayudarnos a alcanzar a las personas con el evangelio de Cristo.

Le diría a mi familia y amigos en FCCI que se preparen porque estamos a punto de ser una de las cosas más grandes que Dios está haciendo sobre la faz de la tierra. Me alegra ser parte de la familia y poder verlo.

★★★★★

Priscilla Mgala
Apostol Principal de Agape Life Church International – Malawi

Ahora que mi esposo, que era el supervisor apostólico de nuestras iglesias, ha fallecido, he asumido el papel de apóstol y presidente de la Agape Life Church (Iglesia Vida Ágape). La transición ha sido suave. Los pastores y el personal me han ayudado a superarlo, así que por la gracia de Dios me complace informar que lo estamos haciendo bien. Por supuesto, esta transición se ha producido durante la pandemia de COVID-19, que no nos golpeó especialmente en 2020 pero sí en 2021. Desde enero de 2021, muchas personas han fallecido y muchas otras han sufrido. Ha habido cierta recuperación, pero muchos han muerto en todo el país. Los ministros del Señor y los ministros del gobierno, junto con todos los demás, se han visto afectados. Hemos perdido mucha gente.

Hemos tratado de mantener una presencia de la iglesia durante la pandemia para que las personas puedan conectarse con nosotros en persona y en línea. El gobierno limitó nuestras reuniones a 50 personas después de que eran 100 con el requisito de distanciamiento social de dos metros. Nuestra iglesia se reúne dos veces el domingo por la mañana durante 90 minutos. Luego traemos a otras personas. Ahí es donde ministro. En otras sedes de Agape Life Church, hacen lo mismo.

Tenemos más de 70 iglesias y congregaciones en Malawi que incluyen alrededor de 100 ministros del evangelio. Nos hemos coordinado de manera efectiva durante la pandemia a través de Zoom y WhatsApp para conectarnos con nuestra gente dondequiera que estén. También tenemos más de 70 iglesias en Mozambique y dos en Sudáfrica. Todos están bien.

En 1992, Augustine, mi esposo, se reunió con el Dr. Carl Conley en Botswana. Cuando se conocieron, sus corazones se unieron, y más tarde el Dr. Carl lo ordenó como ministro. En ese momento, formaban parte de la FCF. Cuando el Dr. Carl salió para comenzar FCCI, nos fuimos con él porque sentíamos que estábamos conectados con la persona más que con la organización. Mi esposo fue nombrado supervisor y coordinador para África, hasta su partida. Hemos estado conectados desde el momento en que el Dr. Carl comenzó FCCI.

Fuimos parte de FCF y ahora FCCI porque sentíamos que era importante estar en algo más grande y completo de lo que estábamos. FCCI es una organización con la que compartimos una visión común. También es una organización en la que siempre nos hemos sentido bienvenidos. Podemos sentir el amor fraternal. Somos como hijos e hijas y las enseñanzas nos han equipado para un ministerio efectivo. Sentimos que este es el grupo al que necesitábamos unirnos porque siempre nos ha ayudado a correr con la visión que Dios nos ha dado. Como ya se ha mencionado, en 2017, celebramos la conferencia bianual de la FCCI en Malawi.

Fue maravilloso tener el evento en mi país. Continúa teniendo un impacto en los pastores y ministros de diferentes iglesias en todo el país. Muchas personas se unieron a FCCI de otras congregaciones no solo en Malawi, sino también de todo el sur de África. Los diferentes ministros que vinieron a Malawi de todo el mundo realmente impactaron. Los líderes todavía están hablando de ello.

Debido a eso, incluso después de la partida de mi esposo, todos los ministros se unieron. Estaban orando por nosotros como familia. Incluso ahora, hemos visto un gran amor fraternal y estamos agradecidos. La conferencia nos reunió como una sola entidad. La iglesia es fuerte en Malawi. Los ministros se han reunido y están trabajando juntos.

Cuando mi esposo se fue a casa para estar con el Señor en 2020, FCCI realmente nos apoyó. Cuando le dije al Dr. Reggies que Augustine estaba en el hospital, él estuvo allí para mí. Él oraba conmigo. El Dr. Carl estuvo allí para nosotros, así como el Obispo Silindza y el Obispo Mapfumo. Después de que Agustín murió, fui fortalecida por todos los que oraron por mí, por mi familia y por mis hijos que están en los Estados Unidos. Lograron ayudarnos a través del dinero que enviaron para los servicios funerarios. Nos sentimos protegidos por FCCI.

Hace varios años y después de la conferencia en Malawi, mi esposo y yo asistimos a la conferencia de la FCCI en Sudáfrica. Eso realmente nos unió y nos ayudó a hacer nuevos amigos. Las enseñanzas allí fueron fenomenales, alentadoras y muy edificantes. Sabíamos que los pastores y hombres de Dios que nos estaban ministrando estaban allí para nosotros, y eso realmente nos ayudó a crecer profundamente en nuestro espíritu y fe. Trajimos a nuestros pastores de Malawi y fue una buena inversión hacerlo. Todavía están hablando de lo que aprendieron y el impacto que tuvo. También preparamos a cuatro líderes que fueron presentados en la conferencia y ordenados a través de FCCI. Una de ellas es mi hermana, que es la actual embajadora de Malawi en la nación de Zimbabue.

Mientras escribo, planeo asistir a la conferencia en 2021 en Tucson, si Dios quiere. Espero que las restricciones de viaje no sean tales que no pueda viajar. Desde el fallecimiento de mi esposo, he tenido mucha responsabilidad y espero con ansias ese momento de reposo. También visitaré a mi familia mientras esté allí.

Tengo tres hijas en los Estados Unidos. Una vive en Texas y dos en Oklahoma. También tengo un hijo allí, que recientemente emigró a Canadá y mi hijo primogénito, Augustine Jr., todavía está aquí conmigo. Todos mis hijos han sido tocados por FCCI. Todos me dicen que asistirán a la conferencia para tomar un respiro. Todos mis hijos asistieron a universidades en los Estados Unidos donde el Dr. Reggies los ayudó a solicitar y obtener la admisión. Consideramos que él es su segundo padre porque los cuidó muy bien y todavía los está cuidando.

Permítanme terminar enfatizando que FCCI es una organización que cuida y ama al pueblo y siervos de Dios. Ellos están de pie por la verdad de amar a Dios y a las personas. Lo he visto y experimentado. Para mí, no es solo otra organización, es una familia que se preocupa por Su pueblo. Realmente nos animan como hermanos y hermanas a amarnos unos a otros y a Dios. Aquellos que están interesados en FCCI, les pido que vengan y se unan a esta organización y les prometo que nunca serán los mismos. Serán impactados espiritualmente y serán fortalecidos para seguir adelante y lograr la visión que Dios les ha dado.

★★★★★

Pastor Fred Alvarenga
Templo Cristiano Palabra de Fe
Dallas, Texas

Me uní a Faith Community Church International (FCCI) después de haber sido pastor en Texas durante muchos años y he estado con ese ministerio desde entonces. Había sido parte de Faith Christian Fellowship (FCF), pero hice la transición porque conocía al Dr. Carl. No había recibido mucha comunicación de

FCF a lo largo de los años y despúes de la muerte de Buddy Harrison, las cosas no fueron iguales. Realmente creo que todos los líderes deben pertenecer a una red u organización de iglesias e involucrarse. He viajado con el Dr. Carl Conley en dos o tres ocasiones, y ha sido bastante útil para mí. A pesar de que soy pastor de una iglesia local, disfruto tener la oportunidad de salir y evangelizar. Además, FCCI ya realizó una conferencia en mi iglesia y espero que tengan más. También fuí Sudáfrica para sus conferencias bianuales, y fue una gran bendición estar allí. Fue impresionante en Sudáfrica ver al Dr. Conley entregar el liderazgo al Dr. Reggies. Muchos líderes no hacen eso hasta que no tienen otra opción, pero el Dr. Carl lo hizo ahora y fue una bendición para todos nosotros.

FCCI me dio mi primera oportunidad de ir a África despúes de que ya había viajado a Europa y América del Sur. Aquí localmente, tengo comunión con muchos pastores hispanos. Nos reunimos y oramos juntos todos los martes en diferentes lugares. Eso no es una organización, es solo un grupo de pastores. Espero que FCCI eventualmente expanda su ministerio al mundo hispano para aquellos pastores con los que oro y que necesitan involucrarse con algo más grande de lo que son y que los conecte con el mundo.

Es un beneficio enorme ser parte de FCCI. Me da la oportunidad de hablar con otros pastores y buscar orientación y dirección con respecto a los problemas que surgen en el ministerio. Si usted está buscando un lugar para conectarse, para ser inspirado y que lo equipe para el ministerio, el lugar para considerar es, FCCI. Espero con interés conocerlos en una de nuestras conferencias.

★★★★★

George Kajanga
Administrador de la Iglesia, Agape Life Church International – Malawi

Soy el administrador de la iglesia en Malawi para Agape Life Church, lo que significa que estoy a cargo de todos los asuntos administrativos dentro de la red de la iglesia. Reporto directamente al presidente de la iglesia, y junto con el presidente tenemos un vicepresidente y luego el administrador. Después de eso, hay otros directores. Me ocupo de los asuntos cotidianos de los pastores, que implica comunicarles información del presidente. También proceso informes, algo que es importante para que tengamos los datos para entender lo que está sucediendo y tener una imagen más amplia.

Tenemos un formulario que requerimos que cada líder llene todos los domingos que nos dice cuántas personas asistieron a la iglesia, si alguien nació de nuevo, el número de visitantes, la ofrenda y otra información relevante. Si hubo un milagro o un testimonio digno de mención, se registra en el informe. Luego compilamos y distribuimos los datos cada mes. Es importante porque una vez que tenemos los datos, es fácil saber qué está pasando, o qué no está pasando. Dentro de mi posición, mi responsabilidad es asegurarme de organizar reuniones, la reunión de la junta, conferencias, o al menos estructurar una conferencia que está a punto de suceder. Elijo a alguien que pueda encabezarlo o establecer un equipo que pueda dirigir el evento.

Nuestro anterior líder, el hermano Agustín, nos enseñó que la FCCI se trata, de pertenecer a algo con líderes de otras naciones. Es emocionante aprender unos de otros. Muchos han dicho que ser parte de FCCI realmente los ha ampliado porque han escuchado de muchos fuera de Malawi, lo cual es bueno. Los conecta con lo que está sucediendo fuera de sus fronteras. Hemos aprendido a valorar mucho esa afiliación.

He tenido la oportunidad de ver y aprender cómo otros abordan sus conferencias y cómo las organizan, lo cual es un poco diferente de la forma en que lo hacemos nosotros. Me di cuenta de que una debilidad nuestra al organizar una conferencia es que no planeamos bien y cuando llega el momento, no tenemos el dinero suficiente para cubrir todo el evento, entonces, durante la conferencia, tenemos que tratar de recaudar el dinero para alimentar a las personas al día siguiente y para el siguiente.

He notado que FCCI dedica mucho tiempo a la planificación y la logística. Eso nos ha desafiado a ser mejores en lo que hacemos. Además, por primera vez tenemos la oportunidad de interactuar con sudamericanos. Podemos ver cuánto aman al Señor, y eso nos hace también querer amar más al Señor porque vemos a alguien de otro lugar dándolo todo por Él.

Cuando la conferencia de la FCCI llegó a Malawi hace unos años, fue una experiencia inolvidable. Era lo más grande en lo que cualquiera de nosotros había estado involucrado localmente. Tuvimos el mayor número de visitantes de otros países que vinieron a nuestra iglesia, y tenían un objetivo: aprender y crecer. La conferencia en sí estaba bien organizada. Ha dejado huella en todos. Cuando mencionamos FCCI, todos recuerdan algo diferente que los impresionó. Algunos recuerdan la organización. Otros recuerdan el impacto. Otros simplemente recuerdan a ciertas personas que conocieron o de las que aprendieron.

Cuando la conferencia llegó a Malawi, me conecté con el Dr. Reggies y serví como organizador local. Sabía que el Dr. Regg era de África, pero cuando entró, no era como un africano típico. Su estilo de hacer las cosas era totalmente diferente. Es una persona que realmente me ha impactado con su ministerio y estilo administrativo.

También tuve la oportunidad de moderar las sesiones generales tanto aquí como en Sudáfrica, y eso fue emocionante. Cuando me paré frente a personas de otras naciones, me sentí un poco intimidado y no quería cometer un error. Al mismo tiempo, estaba emocionado porque tenía el privilegio de hacerlo. Aprendí muchas lecciones que luego apliqué en Sudáfrica cuando también me pidieron que moderara la conferencia.

Muchos vinieron de Malawi a Sudáfrica debido al impacto de la conferencia en Malawi. Esa segunda vez supe qué esperar y qué se esperaba de mí, y fluyó. Además, aprendimos mucho de los oradores ungidos. Además, el servicio de ordenación fue poderoso al ver a tantos que salían a ofrecerse para servir al Señor.

En igualdad de condiciones, FCCI es una red que tiene el potencial de crecer y llegar a muchas naciones porque su mensaje es un poco diferente de lo que otros grupos tienen para ofrecer. Algunos grupos preguntan qué pueden poner otros en él, pero FCCI tiene un corazón de servicio y pregunta qué pueden dar. Quieren que todos se lleven algo a casa que los haga más efectivos.

FCCI puede no parecer atractivo y no hace declaraciones sobre su propia importancia, pero se acercan con amor y eso llega alto y claro a personas como yo. Espero que reclutemos de manera más agresiva y lleguemos a más gente sin dejar de ser selectivos. Creo que podemos ayudar a muchos líderes y personas de Dios. Espero que también tengamos más reuniones regionales y no que dependamos únicamente de la conferencia bianual.

El pastor George Kajanga sirvió como maestro de ceremonias
de apertura para las conferencias de Malawi y Sudáfrica

CAPÍTULO SEIS

Los Fundamentos de FCCI

Yo (Reggies) abordé en un capítulo anterior, quiénes somos y qué representamos. Sin embargo, pensé que sería bueno incluirlo de nuevo, para asegurarme de no perderme nada y para darle un lugar que describa sucintamente quiénes somos como una comunidad de iglesias para su futura referencia. Empecemos.

1. QUIÉNES SOMOS

- Somos una red global de líderes unidos para avanzar en el Reino de Dios mediante el establecimiento, fortalecimiento y multiplicación de iglesias locales. Además, abordamos el desarrollo personal y profesional de los líderes cristianos y la edificación de sus respectivos miembros y seguidores de la iglesia.

- Atesoramos la riqueza de nuestra diversidad multiétnica y multilingüe en una comunidad multinacional.

- Nos organizamos con el propósito de edificar, elevar y alentar a otros a ejercer sus talentos y dones dados por Dios mientras les damos la oportunidad de compartir su tesoro personal con los demás.

- Desempeñamos un papel de apoyo como un recurso para los líderes en las iglesias que enfrentan desafíos únicos junto con la necesidad de aprender y crecer de los demás.

- Somos una comunidad que espera que aquellos que eligen ser ordenados o licenciados a través de nosotros se comporten de acuerdo con los estándares establecidos en la Biblia para ministros y líderes cristianos como los ancianos de la comunidad interpretan la Biblia.

2. QUIÉNES NO SOMOS

- No somos una denominación organizada que prescribe o insiste en una eclesiología o escatología en particular.

- Tampoco somos una organización internacional de iglesias.

- Aunque nos dedicamos a la filantropía, no somos una organización filantrópica.

- Aunque los líderes individuales participan en misiones nacionales y globales, FCCI facilita y fomenta la participación, pero no es una organización de misiones.

- Aunque muchos son ordenados, y miles llevan credenciales ministeriales de la FCCI en todo el mundo, no somos una organización que requiera la ordenación para pertenecer. No requerimos que nadie abandone su afiliación denominacional actual siempre y cuando satisfaga sus necesidades y sus estándares sean compatibles con el estándar de la FCCI de creer en Jesucristo como Señor y Salvador personal y vivir un estilo de vida empoderado por el Espíritu y que honre la Biblia.

3. QUÉ HACEMOS

- Tenemos la intención de tener comunión como hermanos y hermanas que son iguales ante el Señor, independientemente de la posición de uno en la vida o la importancia de la posición que ocupan en sus vidas, ministerios o iglesias.

- Nos reunimos a nivel regional, nacional y mundial para reavivar nuestro amor mutuo como hermanos y hermanas, para establecer redes y para familiarizarnos unos con otros hermanos y hermanas. A través de estas reuniones, buscamos alentar y equipar a los líderes para ejercer, dentro y fuera de la Iglesia.

- Se espera que cada miembro de la red explore formas a través de las cuales pueden ministrar y alentar a otros miembros.

- Alentamos a cada líder de la red a cultivar una sensibilidad por las necesidades de los demás en la comunión y apoyarlos a medida que el Señor los guía.

4. LO QUE NO HACEMOS

- No poseemos ni reclamaremos la propiedad o los activos propiedad de los ministerios, organizaciones o iglesias individuales representados por los diferentes líderes que forman parte de nuestra red global y comunidad.

- No imponemos liderazgo sobre iglesias y organizaciones, excepto por invitación o sumisión o reconocimiento "apostólico" iniciado por los miembros.

- FCCI cuenta con el apoyo de los miembros de su red y no tiene requisitos de que las personas, iglesias u organizaciones den una parte de sus ingresos, aunque muchos han visto y disfrutado de la bendición de hacerlo.

5. LOS PRINCIPIOS DE FCCI

a) Disposición a amar.

b) Inclusión intencional.

c) Generosidad impulsada por la fe.

d) Igualdad bíblica y estima para todos.

e) Compañerismo Orgánico e Interacciones.

f) Vida empoderada por el Espíritu.

g) Conducta fortificada por la gracia.

a. Disposición a amar– Una disposición, es el rasgo personal de cómo instintivamente interactuamos o nos comportamos con los demás. Esperamos que todos aquellos que eligen ser parte de nuestra comunidad tengan una disposición de amar a los demás, independientemente de quiénes sean, de donde vengan o los títulos que tengan en la vida. El amor es un imperativo cristiano innegociable y el más grande de todos los mandamientos: "Un mandamiento nuevo os doy, que os améis los unos a los otros, así como yo os he amado, que también os améis los unos a los otros. Por esto todos los hombres sabrán que ustedes son Mis discípulos, si se aman los unos a los otros" (Juan 13:34-35). El amor es lo que nos distingue en los no creyentes, no son nuestros talentos, dones o número de asistentes a la iglesia. Todas esas cosas son importantes, sin embargo, Pablo escribió: "... fe, esperanza, amor, permanecen estos tres; pero el más grande de ellos es el amor" (1 Corintios 13:13). Los verdaderos discípulos de nuestro Señor Jesucristo mantienen un carácter amoroso hacia los demás:

> "Amados, amémonos unos a otros, porque el amor es de Dios. Todo aquel que ama es nacido de Dios y conoce a Dios. El que no ama no ha conocido a Dios, porque Dios es amor. En esto se mostró el amor de Dios para con nosotros: en que Dios envió a su Hijo unigénito al mundo para que vivamos por él. En esto consiste el amor: no en que nosotros hayamos amado a Dios, sino en que él nos amó a nosotros y envió a su Hijo en propiciación por nuestros pecados. Amados, si Dios así nos ha amado, también debemos amarnos unos a otros". (1 Juan 4:7-11).

b. Inclusión intencional – A través de la persona de Cristo, todos hemos sido incluidos en una comunión universal de creyentes.

> "Por tanto, acordaos de que en otro tiempo vosotros, los gentiles en cuanto a la carne, erais llamados in-circuncisión por la llamada circuncisión hecha con mano en la carne. En aquel tiempo estabais sin Cristo, alejados de la ciudadanía de Israel y ajenos a los pactos de la promesa, sin esperanza y sin Dios en el mundo. Pero ahora en Cristo Jesús, vosotros que en otro tiempo estabais lejos, habéis sido hechos cercanos por la sangre de Cristo". (Efesios 2:11-13).

Esta es la base para la inclusión intencional. Dios escogió a los que no lo merecían para convertirse en merecedores, a los extranjeros para que se convirtieran en ciudadanos, a los pecadores para que se convirtieran en santos y a los distantes para que se acercaran. Todas las distinciones basadas en la raza, el género, la ciudadanía o la jerarquía o afiliación religiosa se borraron para crear una nueva nación de creyentes unidos por su respuesta al amor de Dios a través de la persona de Jesucristo. Por lo tanto, esperamos que cada miembro de nuestra comunidad incluya intencionalmente a otros miembros en su círculo de amor.

Cada uno de nosotros, cuando se deja a su suerte, dependerá de sus instintos y comportamientos más básicos o carnales que perpetúan las diferencias, lo que hace que otros sientan que no pertenecen por razones que no tienen nada que ver con los valores y estándares de FCCI. Abrazamos y damos la bienvenida a la comunidad a todos los hermanos y hermanas que se identifican con los principios de fe de FCCI, que eligen someterse a su liderazgo y que aceptan vivir de acuerdo con sus estándares establecidos. FCCI es para muchos, un lugar llamado hogar.

c. Generosidad impulsada por la fe – La generosidad impulsada por la fe es darnos a los demás y a la comunidad. Se define como dar nuestro "tiempo, tesoro y talento" para promover los propósitos corporativos de la comunidad a través de la bendición intencional o la asistencia a otros miembros de la comunidad.

La generosidad es un espíritu, mentalidad o disposición y tiene comportamientos y acciones correspondientes: *"Así como el cuerpo sin espíritu está muerto, también la fe sin obras está muerta"*. (Santiago 2:26). La generosidad es una expresión de buenas obras. Esperamos que cada miembro crezca en su fe y confianza en Dios demostrada por un espíritu generoso y desinteresado hacia los demás:

> "Unos dan a manos llenas, y reciben más de lo que dan; otros ni sus deudas pagan, y acaban en la miseria. El que es generoso prospera; el que reanima será reanimado". (Proverbios 11:24-25. NVI).

El apóstol Pablo escribió la conocida frase: "Es mejor dar que recibir". Una lectura de todo el segmento de la Escritura donde está contenida esa cita revela cómo Pablo abordó todo el tema de la generosidad:

> "Y ahora, hermanos, os encomiendo a Dios y a la palabra de su gracia, que tiene poder para sobreedificaros y daros herencia con todos los santificados. Ni plata ni oro ni vestido de nadie he codiciado. Antes bien

vosotros sabéis que para lo que me ha sido necesario a mí y a los que están conmigo, estas manos me han servido. En todo os he enseñado que, trabajando así, se debe ayudar a los necesitados, y recordar las palabras del Señor Jesús, que dijo: "Más bienaventurado es dar que recibir". (Hechos 20:32-35.VRV 1995).

Pablo creció en fe y gracia y, en consecuencia, trabajó duro para satisfacer sus propias necesidades y las de su equipo mientras daba libremente a las iglesias a las que servía. Usó sus talentos y habilidades para crear ingresos y riqueza para bendecir a otros que estaban en necesidad. No usó su fe para amasar riqueza para sí mismo. Su ministerio apostólico sobresalió por su capacidad para satisfacer sus propias necesidades y las de los demás. En términos simples y claros, Pablo era un dador y no un tomador. Deseamos lo mismo para todos los que forman parte de la comunidad FCCI:

d. Igualdad Bíblica y Honra para Todos – Defender el "sacerdocio de todos los creyentes" como un principio y bíblico incondicional e incuestionable es una práctica necesaria para construir una comunidad que fomente la igualdad bíblica y la honra para todos. Ya sea hombre o mujer, no hay un sacerdocio separado:

> "Pero vosotros sois linaje escogido, real sacerdocio, nación santa, pueblo adquirido por Dios, para que anunciéis las virtudes de aquel que os llamó de las tinieblas a su luz admirable. Vosotros que en otro tiempo no erais pueblo, ahora sois pueblo de Dios; en otro tiempo no habíais alcanzado misericordia, ahora habéis alcanzado misericordia". (1 Pedro 2:9-10).

Todos somos iguales ante los ojos del Señor porque lo que importa no es lo que está afuera, sino más bien lo que está dentro de nosotros, y rechazamos categóricamente la parcialidad y el trato preferencial impío. Daremos honra donde y cuando sea debido, pero todos serán tratados de la misma manera independientemente de su estatus socioeconómico, título eclesiástico o logros mundanos. El autor del Libro de Santiago fue claro al respecto cuando escribió a la iglesia del primer siglo en la diáspora,

"Si en verdad cumplís la Ley suprema, conforme a la Escritura: «Amarás a tu prójimo como a ti mismo», bien hacéis; pero si hacéis acepción de personas, cometéis pecado y quedáis convictos por la Ley como transgresores…" (Santiago 2:8-9).

Y luego Pablo agregó:

"De manera que nosotros de aquí en adelante a nadie conocemos según la carne; y aun si a Cristo conocimos según la carne, ya no lo conocemos así. De modo que si alguno está en Cristo, nueva criatura es: las cosas viejas pasaron; todas son hechas nuevas". (2 Corintios 5:16-17).

Somos una comunidad que busca que nos relacionemos unos a otros no según la carne, sino más bien de la manera descrita por Dios al profeta Samuel:

"No mires a su parecer, ni a lo grande de su estatura, porque yo lo desecho; porque Jehová no mira lo que mira el hombre, pues el hombre mira lo que está delante de sus ojos, pero Jehová mira el corazón". (1 Samuel 16:7).

Nuestra preocupación es por lo que es dentro de cada uno de nosotros y, en consecuencia, nuestra visión mutua debe ser a través del lente del amor, la humildad y la honra mutua unos por otros.

e. Compañerismo e interacciones orgánicas: fomentamos la amistad y la creación de redes que se basan en el amor por los hermanos y hermanas. Conocernos unos a otros nos acerca a aquellos que tienen ideas afines y comparten los mismos intereses. Nuestros miembros deben ser aquellos que realmente buscan compartir su "vida con los demás" y no están buscando beneficios al conectarse con los demás. Rechazamos y exponemos amorosamente a aquellos que ingresan a la comunidad con el único propósito de buscar oportunidades para obtener dinero o bienes de otros:

"Por tanto, si hay algún consuelo en Cristo, si algún

estímulo de amor, si alguna comunión del Espíritu, si algún afecto entrañable, si alguna misericordia, completad mi gozo, sintiendo lo mismo, teniendo el mismo amor, unánimes, sintiendo una misma cosa. Nada hagáis por rivalidad o por vanidad; antes bien, con humildad, estimando cada uno a los demás como superiores a él mismo. No busquéis vuestro propio provecho, sino el de los demás". (Filipenses 2:1-4).

f. Vida Empoderada por el Espíritu – Animamos a todos a cultivar su dependencia del Espíritu Santo. La vida debe ser abordada holísticamente, y los creyentes deben permitir que el Espíritu Santo influya en cada faceta de su ser. La vida cristiana requiere que respondamos a Dios de manera holística: "¡Escucha, oh, Israel: Jehová nuestro Dios, Jehová uno es. Y amarás a Jehová tu Dios de todo tu corazón y de toda tu alma y con todas tus fuerzas". (Deuteronomio 6:4-5). Esto incluye todo nuestro ser (espíritu, alma y cuerpo); nuestra vida (pensamientos/creencias, afectos o sentimientos); y nuestra conducta, comportamientos y acciones (ortodoxia, ortopatía y ortopraxis).

La *ortodoxia* empoderada por el Espíritu es el pensamiento y la creencia correcta ayudados o dirigidos por el Espíritu Santo. A través de esto, encontramos y comprendemos la verdad para que creamos correctamente.

La *ortopatía* empoderada por el Espíritu está alentando a todos a permitir que el Espíritu Santo influya y dirija nuestras emociones y sentimientos. Hacer esto nos permite superar las disposiciones y sentimientos personales que inhiben nuestra capacidad de amar a los demás incondicionalmente. El Espíritu Santo nos permite aprehender lo que es el amor y lo que no es.

La *ortopraxis* empoderada por el Espíritu resulta en acciones y comportamientos correctos debido a la influencia personal, la dirección y el empoderamiento del Espíritu Santo. El Espíritu Santo nos ayuda a alinear nuestra conducta con las expectativas de Dios reveladas en la persona de Jesucristo y descritas en la Biblia. Aquí la oración de Pablo en Efesios es instructiva:

"Por esta causa doblo mis rodillas ante el Padre de

nuestro Señor Jesucristo (de quien toma nombre toda familia en los cielos y en la tierra), para que os dé, conforme a las riquezas de su gloria, el ser fortalecidos con poder en el hombre interior por su Espíritu; que habite Cristo por la fe en vuestros corazones, a fin de que, arraigados y cimentados en amor, seáis plenamente capaces de comprender con todos los santos cuál sea la anchura, la longitud, la profundidad y la altura, y de conocer el amor de Cristo, que excede a todo conocimiento, para que seáis llenos de toda la plenitud de Dios". (Efesios 3:14-19).

g. Conducta fortalecida por la gracia – Nuestra conducta como creyentes debe ser gobernada por la templanza y fortalecida a través de la gracia de Dios. Una comprensión de esa gracia (que no es el equivalente de permisividad o tolerancia) es un requisito previo para los creyentes que honran la Biblia. Además, la Biblia es clara en cuanto a cómo debemos comportarnos, por lo que los estándares bíblicos son alcanzables y esperados. Creer en un estándar bíblico que es inmutable y aclarado contextualmente por Su Espíritu Santo es una necesidad absoluta. Dios mantiene el estándar y le da a cada individuo gracia para alcanzar ese estándar de manera progresiva. La gracia, por lo tanto, nos permite tener fe y vivir vidas que a agraden a Dios y cumplan Sus buenos propósitos o placeres:

"Por tanto, amados míos, como siempre habéis obedecido, no solamente cuando estoy presente, sino mucho más ahora que estoy ausente, ocupaos en vuestra salvación con temor y temblor, porque Dios es el que en vosotros produce así el querer como el hacer, por su buena voluntad". (Filipenses 2:12-13).

En pocas palabras, la gracia es la forma en que Dios permite la respuesta inicial y continua a Su amor y, posteriormente, manifiesta una conducta que honra la Biblia a medida que alineamos nuestros valores personales con los Suyos.

★★★★★

Además, aquí hay información doctrinal que se puede encontrar en nuestro sitio web y en nuestra literatura y documentos.

NUESTRA VISIÓN

Llegar a cada nación con el Evangelio holístico contextualizado de Jesucristo.

NUESTRA MISIÓN

Faith Community Churches International (FCCI) existe para facilitar y empoderar una comunidad multinacional, multifacética y multidimensional de ministros e iglesias que toman en serio la Gran Comisión.

DECLARACIÓN DE FE

Creemos en un Dios que está formado por tres personas co-iguales, coeternas, a saber, el Padre, el Hijo y el Espíritu Santo.

Creemos que Dios creó al hombre a Su propia imagen y lo ha llamado a manifestar y reflejar la santidad a través de la obediencia a Sus mandamientos. Debido a que el hombre ha fallado en esta responsabilidad y se ha negado a honrar a Dios como Dios, el hombre ha caído en un estado de corrupción moral y se ha alienado de su Creador.

Pero Dios, siendo rico en misericordia, debido a su gran amor, ha iniciado un plan de redención y reconciliación para la humanidad, cuyo pináculo se encuentra en la vida, muerte y resurrección de Jesús de Nazaret, la encarnación de Dios. Fue concebido por el Espíritu Santo, y nacido de la Virgen María, siendo al mismo tiempo plenamente Dios y plenamente hombre. Vivió una vida sin pecado, fue crucificado, murió y fue enterrado. Al tercer día después de Su muerte, Resucitó y ascendió al cielo, y ahora se sienta a la diestra de Dios el Padre Todopoderoso, y vendrá de nuevo para juzgar a los vivos y a los muertos.

Jesucristo, a través de Su muerte expiatoria y sustitutiva y resurrección corporal, ha proporcionado la base de nuestra justificación, que, por la gracia de Dios, recibimos solo por fe. Dios inicia esta reconciliación a través de la renovación de nuestros corazones, que es atestiguada por nuestro arrepentimiento y confesión de fe en el Señor Jesucristo. Nuestra gran esperanza es la redención de nuestros cuerpos a través de la resurrección a la vida eterna, que completará nuestras adopciones como hijos e hijas.

Como el Agente sobrenatural y soberano en la renovación,

el Espíritu Santo pone a todos los creyentes en el cuerpo de Cristo en el momento de la salvación. Él mora en los corazones de cada creyente, efectuando su renovación, operando en su santificación, instruyéndolos en toda verdad y sellándolos hasta el día de la redención. Además de esto, los dones sobrenaturales del Espíritu Santo son para la Iglesia de hoy, incluyendo el don de hablar en otras lenguas.

Creemos que la Biblia, en su totalidad, es revelación divina, y nos sometemos a la autoridad de la Sagrada Escritura, reconociendo que es infaliblemente inspirada por Dios y llevando todo el peso de Su autoridad. Por lo tanto, solo ella es el estándar para la fe.

DISTINTIVO FCCI

Nuestra comunidad proporciona una estructura de responsabilidad piadosa al tiempo que demuestra respeto mutuo y tolerancia por diferentes puntos de vista bíblicos y enfoques ministeriales. No comprometemos los fundamentos de la fe del evangelio, y tampoco exigimos conformidad con un punto de vista, música o estilo de adoración en particular. Faith Community Churches International (FCCI) es una comunidad de fe centrada en la Biblia. Nuestra comunidad ofrece liderazgo de servicio para ayudar y animar a nuestros miembros de todas las maneras posibles. Nuestro liderazgo es abierto, disponible y responsable. Creemos que las iglesias exitosas de hoy deben ser más que estaciones de predicación o "bendíceme clubes" donde la gente va a obtener una "solución" religiosa semanal. La Iglesia debe salir de su círculo de autoenfoque y llegar al mundo de una manera significativa. Nuestro objetivo es llegar a nuestra nación y al mundo con un Evangelio holístico centrado en la Biblia, culturalmente relevante. Esto involucra todas las áreas de la vida humana: alimentos, ropa, vivienda, atención médica, educación, desarrollo económico y crecimiento espiritual.

★★★★★

Ahí tienes un poco más de lo que somos, lo que creemos y lo que esperamos. En el siguiente capítulo, he incluido los nombres y un breve bosquejo biográfico sobre cada uno de los ancianos, algunos de los que ya han sido mencionados o entrevistados. Esto debería darte una buena visión general de la diversidad que forma parte de FCCI.

CAPÍTULO SIETE

Los Líderes y Ancianos de FCCI

Dr. Reggies Wenyika, Superintendente General

El Dr. Reggies Wenyika es el superintendente general de FCCI. Nació en Harare, Zimbabue. Se desempeñó durante diez años como rector y luego presidente de Southwestern Christian University en Bethany Oklahoma, y actualmente se desempeña como presidente de la Universidad de Ottawa en Ottawa, Kansas.

Graduado de la Facultad de Salud y Ciencias de la Universidad de Zimbabwe, Reggies también recibió una Licenciatura en Artes Religiosas en Estudios Bíblicos; una Maestría en Ministerio en Liderazgo; una Maestría en Artes en Administración de Educación Superior; un Doctor en Educación y en Administración de Educación Superior de la Universidad Oral Roberts, donde fue honrado con el Premio al Logro Más Sobresaliente. Su esposa por 24 años, Bongi, recibió su PhD. de la Universidad de Oklahoma. Viven en Ottawa, Kansas, y tienen dos hijos, Thembi y Kudzai.

El Dr. Reggies es un predicador dinámico y maestro habitual buscado como orador para conferencias y grandes reuniones. Él tiene una pasión por la educación y por ayudar a los jóvenes a encontrar su lugar en la vida para vivir con éxito y fructíferamente. Aporta grandes dones a la dirigencia de FCCI y enriquece a todos los que le conocen.

Dr. Carl E. Conley, vicepresidente Ejecutivo

El Dr. Carl E. Conley fue criado entre los Nativos Americanos en Arizona, Estados Unidos, como hijo de padres misioneros. Durante más de 30 años, se ha desempeñado como director de ministerios humanitarios internacionales, de desarrollo comunitario y de la iglesia, habiendo viajado y ministrado en 86 naciones. Es especialista en desarrollo y gestión de campo. Ha obtenido títulos de licenciatura y maestría en teología, un doctorado en derecho y un doctorado en derecho internacional. Actualmente se desempeña como vicepresidente ejecutivo de Faith Community Churches International (FCCI) con iglesias en 50 naciones.

Dr. Louise Brock, Anciano

Louise Brock es una ministra del evangelio de tercera generación. Ella es una destacada académica, autora y creadora del plan de estudios de una universidad bíblica, y ha sido una oradora solicitada internacionalmente durante muchos años. Ha dirigido más de veinte Excursiones Académicas de Israel. Se ha desempeñado como líder y directora de ministerios nacionales e internacionales durante más de 25 años. Ella es una anciana fundadora de Faith Community Churches International (FCCI). Actualmente se desempeña como Pastora de Faith Community Church East (FCCE) en Tucson, Arizona, EE. UU.

Félix Omobude, Anciano

Rev. Dr. Félix Ilaweagbon Omobude es el superintendente general de Gospel Light International Ministries (New Covenant Gospel Church), que fundó en 1988 con sede internacional en Benin City, Nigeria. La iglesia tiene sedes en todo el país, así como fuera de Nigeria. Ha servido dos términos como presidente de la Nigerian Pentecostal Fellowship (Comunidad Pentecostal Nigeriana), una organización con más de 18 millones de seguidores en Nigeria y en todo el mundo. Además de sus deberes en la iglesia, el Dr. Félix ha fundado Covenant Christian Academy (Academia Cristiana El Pacto), Lighthouse Polytechnic (Politécnico El Faro) y GLIM Bible College (Instituto Bíblico GLIM).

Solomon Mwesige, Anciano

Solomon Mwesige es el pastor principal de Good News

Church (Iglesia Buenas Nuevas) en Kampala, Uganda, una de las iglesias de más rápido crecimiento en la nación con más de 8,000 asistentes. Tiene sucursales en todo el país. Es el fundador de King Solomon's Junior School (Escuela Junior Rey Salomón). Dirige la alimentación diaria de más de 50.000 niños refugiados en tres asentamientos. También fundó la primera estación de televisión cristiana en su nación. Es buscado por su sabiduría y conocimiento en muchas expresiones diferentes de ministerio.

David Tranter, Anciano

Antes de ingresar al ministerio, David fue un exitoso granjero de ovejas en el norte de Victoria, Australia. David ha alcanzado muchos grados, el más alto es una maestría en teología. David también es un consejero capacitado. Él es un hombre de gran experiencia en el lado práctico de la vida, trayendo esa sabiduría tal como se aplica al ministerio entre las personas. Es un hombre de pasión por las cosas de Dios. Un hombre de fe que enseña y cree en el poder sobrenatural de Dios en la vida de los creyentes. En otras palabras, David es un hombre de fe.

Kingsley Ohangbon, Anciano

En 1999, el obispo Kingsley Ohangbon llegó a Madrid, España, con nada más que la camisa en la espalda. Por la gracia de Dios y el amor de Dios en su corazón, comenzó su obra de difundir la Palabra de Dios. Ahora es el obispo primado de una gran red de iglesias.

Dra. Anne Wood-Torre, Anciana

Anne Wood, misionera en Asia desde 1995, fundó Life Solutions in Abundance (LSA) (Soluciones de Vida en Abundancia) en Filipinas en 2008 y actualmente se desempeña como su directora ejecutiva. Ella reside en Filipinas, donde LSA ahora se enfoca en llegar a grupos de personas no alcanzadas en la región y más allá.

Javan Ommani, Anciano

El obispo Javan Ommani dirige un gran ministerio generalizado con más de 200 iglesias, un hospital y un colegio bíblico que sirve a gran parte de Kenia, África Oriental. Sirvió durante varios años en el parlamento nacional y es un líder muy respetado y estadista cristiano en toda su nación.

Obispo Levy Silindza, Anciano

El Obispo Silindza es un maestro altamente efectivo y un orador de conferencias muy solicitado que se especializa en capacitar a las personas para que sean líderes. Pastorea una iglesia grande y efectiva, ministra en muchas naciones y es responsable de FCCI en todo el continente africano. El obispo Silindza también ha tenido mucho éxito en los negocios por lo que asesora a líderes empresariales sobre las claves del éxito.

Espero que hayas disfrutado aprendiendo un poco más sobre nosotros a través de este libro y te animo a que te pongas en contacto con el Dr. Carl o conmigo si tienes alguna pregunta.

Nuestra Información de Contacto:

Dr. Carl Conley – carl4032@gmail.com

Dr. Reggies Wenyika – fcciclergy@gmail.com

También puede ver las actualizaciones sobre nuestro trabajo y ministerio en nuestro sitio web:

www.fcciweb.com

En la foto aparece el Apóstol Agustine Mgala (QEPD) con su yerno James Houston, quien fue ordenado en la conferencia de Sudáfrica

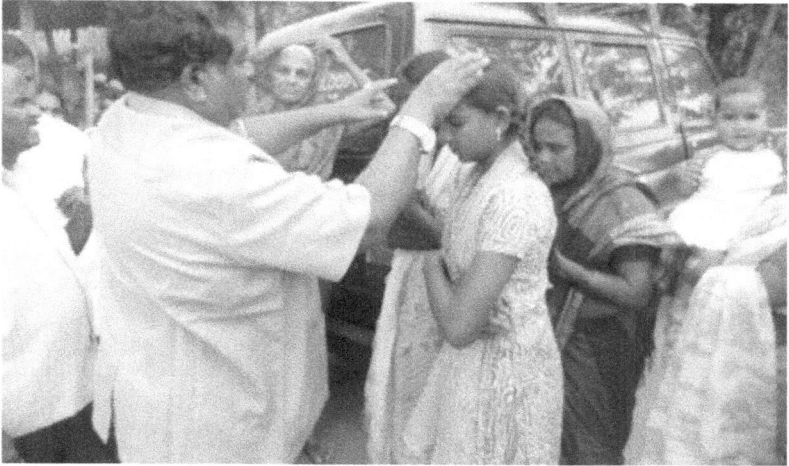
Obispo G. Thomas orando por la gente en India

Dr. Reggies con la delegación de su tierra natal Zimbabue
en la conferencia de Sudáfrica

El Dr. Carl Conley ha estado activo en el ministerio por más de cinco décadas. En los últimos 30 años, se ha desempeñado como director de ministerios que enfatizaron en la asistencia humanitaria internacional, el desarrollo comunitario, el crecimiento y la expansión de la iglesia. Ha viajado y ministrado en 86 naciones. Fundó FCCI y ahora se desempeña como vicepresidente ejecutivo y jefe de operaciones. Carl tiene una maestría en teología, un doctorado en jurisprudencia en derecho corporativo y un doctorado en jurisprudencia en derecho internacional.

El Dr. Reggies Wenyika ha servido como educador, pastor y misionero durante los últimos 25 años y ha viajado a muchas partes del mundo como embajador tanto de Cristo como de la educación. Reggies también se desempeña como presidente de la universidad y tomó las riendas del liderazgo de FCCI en 2019. Tiene dos maestrías en educación y en ministerio, y un título de Doctor en Educación.

www.ingramcontent.com/pod-product-compliance
Lightning Source LLC
Chambersburg PA
CBHW070816050426
42452CB00011B/2078